수업에 바로 쓰는 독서토론 길잡이

수업에 바로 쓰는
독서토론 길잡이

김길순, 김솔지, 김윤진, 박혜미, 이영옥 지음

소설로 말 걸고,
토론으로 생각 키우기

학교
도서관
저널

서문
준비된 우산

    꽃비가 내렸던 어느 봄날을 기억합니다. 함께 읽은 첫 책으로 열띤 토론을 나누고 밖으로 나왔더니 소리 없이 봄비가 내리고 있었습니다. 미처 우산을 준비하지 못한 우리들의 머리 위로 봄바람에 떠밀린 벚꽃이 쏟아져 내리더군요. '책봄'이라는 이름과 딱 어울리는 책과 봄의 이야기는 그날부터 시작되었습니다. 책을 좋아하고 독서토론을 즐기는 사서 다섯이 모여 독서모임, '책봄'을 꾸준히 이어가는 중입니다.

    학교 현장에서 직접 독서프로그램을 진행하면서 걱정이 앞섰던 때가 있었습니다. 각종 연수나 교육을 통해 독서토론에 대한 이론적 지식은 많이 습득했지만 실제로 책과 연결해 토론을 이끌려니 무엇에 대해 이야기해야 할지 고민되기도 했습니다. 그때 도움이 되었던 자료가 여러 가지 발문이 소개되어 있는 책들이었습니다. 하지만 오래전에 출간되었거나 이미 여러 군데 소개된 책들을 수록해놓은 것이 대부분이라 늘 아쉬웠습니다.

    수업을 진행하며 아쉬웠던 부분들을 책봄 모임을 통해 채워 나가면서 제대로 된 독서토론 수업자료가 있으면 좋겠다는 의견에 모두들 공감했습니다. 그래서 독서토론을 시작하는 분들에게 꼭 필요한 자료가 되기를 바라는 마음으로 그동안 책봄에서 만든 자료들을 모아 정리했습니다. 『수업에 바로 쓰는 독서토론 길잡이』는 그렇게 탄생했습니다. 이 책은 다음과 같은 특징을 갖습니다.

    첫째, 비교적 최근에 발행된 청소년 문학 작품 중에서 청소년의 고민과 내적 성장이 잘 드러나는 책을 선별했습니다. 수록 도서들을 주제별로 분류하여 책 속에 드러난 가치 단어들을 키워드로 제시하고, 함께 읽으면 좋은 책을 소개해 도서 선택에 도움을 주도록 했습니다.

둘째, 책에 대한 흥미를 유발하는 낱말 퍼즐로 시작해 되새김 발문으로 책의 내용을 상기해 보도록 했고, 해석적·선택적·사색적 발문, 북돋움 활동을 거치며 책을 토대로 사고를 확장하고 독서의 영역을 넓혀 가도록 점진적으로 구성했습니다.

셋째, 토론에 적합한 책 고르기, 발문 뽑는 요령, 토론에 활용할 수 있는 도구 등 독서토론 수업에서 활용할 수 있는 팁을 담았습니다. 실제 독서토론 수업 사례를 들여다보고 수업에 대한 설계와 방향을 정하는 데 참고하시기 바랍니다.

매주 설레는 수요일을 맞이할 수 있었던 것은 독서토론이 주는 즐거움 덕분이었습니다. 퇴근을 한 뒤 다시 동아리실에 모여 함께 토론하고 발문 연구를 하면서도 힘든 줄 몰랐습니다. 두 해 넘게 자라온 책봄의 노력이 열매를 맺고 독자 여러분을 만나게 된 것이 무척 기쁩니다. 처음 만났던 날, 미처 우산을 준비하지 못했던 우리는 비를 맞았지만 독자 여러분에게는 이 책이 준비된 우산으로 쓰였으면 좋겠습니다.

2018년 3월
책봄 일동

차례

4   서문 _ 준비된 우산

1장 수업을 준비하며

10   책의 구성과 활용법
12   수업 계획 짜기
15   수업 미리 보기 _ 『푸른 늑대의 파수꾼』을 활용한 독서토론 수업

2장 사랑의 또 다른 이름, 가족

24   너는 영원히 빛나는 존재야! _ 『두려움에게 인사하는 법』
38   개구리밥처럼 떠도는 난민의 아픔을 이해하라! _ 『난민 소녀 리도희』
50   뺑덕과 뺑덕어멈, 주연으로 등장하다! _ 『뺑덕』
62   어울려 살아가는 테오도루, 그곳이 바로 신의 선물! _ 『테오도루 24번지』
74   Tip! 독서토론에 적합한 책 고르기

3장 서로를 지켜주는 우정

80   꿈을 키우는 청소년들, 모두 깜언! _ 『모두 깜언』
94   삶은 함께 위로하며 가는 여행 _ 『오즈의 의류수거함』
106   식물도 사람도 사랑으로 꽃을 피운다 _ 『원예반 소년들』
122   희망의 땅에 뿌리를 내리고 당당하게 서라! _ 『옆집아이 보고서』
133   Tip! 발문 뽑는 요령

4장 진짜 '나'를 찾는 모험

- 138 미궁에 빠진 자, 의지와 용기로 탈출하라! _『미궁: 테세우스와 미노타우로스』
- 150 낯선 바람 속에서 진짜 자신을 만나다! _『열흘간의 낯선 바람』
- 164 삶과 마주하여 스스로 만들어낸 기적 _『423킬로미터의 용기』
- 176 당신의 삶은 지금 몇 시입니까? _『시간을 파는 상점』
- 189 Tip! 토론에 활용하기 좋은 간단한 도구

5장 꿈꾸고 도전하는 것이 인생

- 194 10대의 문화와 가치를 판매하라! _『시크릿 박스』
- 208 청소년들에게 놀이를 허하라! _『우리들의 비밀놀이 연구소』
- 222 네가 가진 진정한 아름다움 _『플라스틱 빔보』
- 234 척박한 땅을 자연으로 되돌리자! _『달 표면에 나무 심기』
- 244 Tip! 고전을 활용한 독서토론 수업은 어떻게 할까?

6장 진실을 마주할 용기가 필요해

- 252 동물 실험과 생명 윤리에 대해 고민하라! _『50 대 50』
- 264 기억을 조종하는 세상을 대비하라! _『메멘토 노라』
- 274 마음속 갈등과 환경 속 오염을 해결하라! _『수상한 진흙』
- 288 타인의 시간을 빼앗은 사람에게 미래는 없다! _『푸른 늑대의 파수꾼』

- 304 본문에서 언급된 책들

일러두기
발문 끝에 관련 내용이 수록된 참고도서의 해당 쪽을 괄호에 넣어 표시했습니다.

1장
수업을 준비하며

책의 구성과 활용법

이 책에는 다양한 생각거리를 던져주는 여러 가지 발문이 수록되어 있습니다. 독서토론 수업은 물론, 교과 수행평가 및 논술 수업, 토론대회를 진행하는 데도 활용해 보시기 바랍니다.

책 소개
해당 책의 정보를 간략하게 소개하고 책에서 다룰 만한 주제를 제시합니다. 교과 주제와 연계한 키워드를 '해시태그'로 넣고 비슷한 주제의 책을 골라 추천하는 '함께 보면 좋아요'를 수록해 참고할 수 있게 했습니다.

낱말 퍼즐
주제를 드러내는 주요 단어로 퍼즐을 만들었습니다. 독서토론을 하기 전, 분위기를 환기하고 흥미를 유발하는 맛보기 시간으로 활용해도 좋고, 수업 시간을 고려해 개인별 또는 짝꿍별, 모둠별로 풀어보면서 팀워크를 다지는 시간으로 활용해도 좋습니다.

되새김 발문: 내용을 되새겨 보아요
책의 내용을 되새겨 보는 발문으로 반드시 책 속에서 답을 찾아야 합니다. 자칫 시험문제처럼 여겨질 수 있으니 정답을 맞히는 데 너무 집중하지 않도록 해 주세요. 토론 수업의 도입부로 토론에 대한 흥미를 유발하는 용도로 활용하면 좋습니다. 낱말 퍼즐과 되새김 발문은 둘 다 책의 내용을 확인하는 질문 유형이므로 수업에 참여하는 인원수와 수업 시간을 고려해 둘 중 적합한 것을 선택하여 사용하길 권장합니다.

해석적 발문 : 다양하게 생각해 보아요

책의 내용에 대한 다양한 의미를 해석하는 사고 확장형 발문으로 다섯 명이 토론했다면 다섯 가지 의견을 들어볼 수 있습니다. 주로 '왜~'라는 물음으로 시작하여 서너 개 이상의 다양한 대답을 유도하는 발문입니다. 다소 엉뚱하고 기발한 발언이라도 모두 수용해 주는 것이 좋습니다.

선택적 발문 : 입장을 정해 보아요

독자의 입장을 선택하여 이유와 근거를 생각하게 하는 발문입니다. 주로 '~를 어떻게 생각하는가?'라는 물음에 자신의 입장을 선택합니다. 이때 자신의 입장 선택에 대한 이유를 논리적으로 드러내도록 하여 막연한 주장이 되지 않도록 해야 합니다.

사색적 발문 : 생각을 넓혀 보아요

책을 읽고 나서 느낀 점이나 생각을 자신과 연결 지어보는 발문입니다. 자신의 문제에 대한 해결 방법을 찾을 수도 있고, 시사적인 부분과 연관 지어 사회 문제를 바라보게도 합니다. '만약에~'라는 가정으로 책의 뒷이야기를 재구성할 수 있으며 관련 독후 활동으로 연결 지을 수도 있습니다.

북돋움 활동

책에 대해 깊이 있는 탐색이 가능한 독후 표현활동입니다. 글쓰기, 그리기 등 다양한 주제의 창의적인 독후 활동을 제시하고 독서력을 북돋우는 활동입니다. 독서 활동지로 따로 떼어 사용할 수도 있습니다.

수업 계획 짜기

처음 독서토론을 계획하던 때가 떠오릅니다. 어떤 책을 선정해야 하는지, 무슨 이야기를 해야 할지 모든 것이 막막했습니다. 독서토론을 처음 시작하는 여러분을 위해 토론자 모집에서 수업 계획 짜는 방법까지 수업 운영에 필요한 작은 노하우를 알려드립니다.

1. 토론 참여자는 어떻게 모집할까?

참여자 모집은 공개적으로 합니다. 학교에서 운영하는 경우에는 가정통신문을 발송하여 모집합니다. 가정통신문에는 프로그램 제목, 일시, 장소, 운영 방침, 생활기록부 입력사항 등을 고지합니다. 학부모 총회에서 공개적으로 홍보하면 학부모들의 관심을 끌 수 있어 참여자 모집에 효과적입니다. 단체, 기관 등에서 모집한다면 포스터를 붙이고 SNS를 활용합니다. 또 인근 학교에 공문을 보내 참여자 모집에 대한 협조를 받는 것도 좋은 방법입니다.

2. 독서토론 운영 주기는 얼마가 적당할까?

가장 이상적인 운영 주기는 주 1회입니다. 1주가 부담스럽다면 2주를 권장합니다. 운영 주기가 2주를 넘어가게 되면 책의 내용과 생각, 감정을 잊기 쉽습니다. 또 토론자들도 서로 친해지지 않아 속 깊은 이야기가 나오기 어렵습니다. 구성원들의 의견을 조율하여 최대한 2주를 넘기지 않도록 독서토론 운영 주기를 정하는 것이 좋습니다.

3. 운영 차시 계획은 어떻게 짜야 할까?

독서토론 수업은 크게 책을 미리 읽고 와서 토론하는 경우와 함께 책을 읽고 토론하는 경우로 나눌 수 있습니다.
책을 미리 읽고 와서 토론하는 경우는 보통 1~2차시 수업을 진행하고 토론 후에 관련 독후 활동을 접목하기도 합니다. 본격적으로 토론에 들어가면 10개 정도의 발문으로 2시간 수업이 가능합니다. 대개의 경우 '도입(10분)-토론(100분)-마무리(10분)'로 구성합니다.

함께 모여 책을 읽고 토론하는 경우에는 책의 분량에 따라 차시를 계획합니다. 책의 판형과 개인의 독서 능력에 따라 차이는 있지만 중학생의 경우 묵독한다면 40분 동안 30쪽 분량을 읽을 수 있습니다. 이 점을 감안해 적절한 분량의 도서를 선정하고 차시를 계획합니다. 가령, 250쪽의 도서를 함께 읽고 토론한다면 '독서(40분)-토론(20분)'으로 구성하여 8차시로 계획합니다.

> **수업 예**
> · 토론 도입 ('되새김 발문'을 활용한 내용 점검) / 10분
> · 토론 본론 (발문을 이용한 토론: 10개) / 100분
> · 토론 마무리 (소감 발표) / 10분

4. 진행자는 어떤 역할을 해야 할까?

토론 진행자는 모든 참여자가 토론에 참여할 수 있도록 유도해야 합니다. 또한 토론 참여자들이 상대방을 배려하고 존중하는 토론 분위기를 만들어가야 합니다. 진행자의 역할은 다음과 같습니다.

첫째, 토론자들의 의견을 잘 듣고 정리한다.
둘째, 대화 주제가 샛길로 빠지지 않고 '책'에 관해 이야기할 수 있도록 유도한다.
셋째, 흐름이 끊기지 않도록 다음 발표자를 지목한다.

토론의 진행을 반드시 교사가 할 필요는 없습니다. 참가자들이 토론에 익숙해졌다면 번갈아 가며 진행을 할 수 있도록 해보세요. 진행자가 된 참여자는 상대방의 이야기를 경청하면서 토론에 임하는 자세가 적극적으로 바뀝니다. 돌아가면서 진행자를 맡게 되면 모든 참여자가 진행자의 역할과 마음가짐에 대해 배울 수 있습니다.

<독서토론 개요서 예시> 책을 미리 읽고 와서 수업하는 경우

토론 도서	『메멘토 노라』		차시	1
학습 목표	1. 청소년 소설 읽기, 토론 활동을 통해 미래 사회에서 벌어질 만한 일을 알 수 있다. 2. 토론 활동을 통해 미래 사회의 부정적인 현상에 대비하는 방법에 대해 생각해본다.			
대상	중학생	인원	32명	
준비물	빔 프로젝트, 색지(4절) 4장, 포스트잇, 사인펜, A4 용지			
토론 수업 내용				
토론 도입 (10분)	'낱말 퍼즐'을 활용한 내용 점검 · 모둠 구성: 여덟 명씩 4모둠 · 모둠별로 배부한 낱말 퍼즐지를 협력하여 푼다. · 모둠별로 스파이를 한 명 선정하여 30초간 다른 모둠에서 퍼즐 정답을 알아 올 수 있는 기회를 준다.			
토론 본론 (100분)	해석적 발문, 선택적 발문, 사색적 발문을 활용한 토론 · PPT 화면에 내용의 흐름에 맞게 발문을 띄운 후 모둠별로 토론한다. · 발문에 대한 자신의 의견을 포스트잇 한 장당 한 개씩 적어 모둠 가운데에 놓은 색지 위에 붙이고 같은 의견끼리 분류하여 정리한다. · 각자 자신의 의견에 대해 발표한 후 가장 공감되는 의견의 포스트잇에 별표를 주어 가장 많은 별표를 받은 의견을 모둠의 대표 의견으로 정한다. · 모둠별 토론 후 각 모둠의 대표 의견을 발표하여 공유한다.			
토론 마무리 (10분)	소감 발표하기 · 프리즘 카드를 활용하여 요즘 사회에서 기억을 지워주는 알약에 해당하는 것이 무엇이라고 생각하는지 발표한다.			

수업 미리 보기

『푸른 늑대의 파수꾼』을 활용한 독서토론 수업(본문 288쪽 참고)

"샘, 저는 이 책을 읽고 〈아이 캔 스피크〉 영화를 보러 갔어요. 우리 둘이 같이 가서 봤어요."
"저는 영화 보고 와서 이 책을 읽었어요."
티격태격하면서도 늘 붙어 다니는 두 아이가 오늘도 같이 앉았습니다.
"오~ 너희들 독후활동을 제대로 했겠구나."
"영화 보기 전에 인형을 하나 사 갖고 갔거든요. 근데 얘가 그거 끌어안고 보다가 엄청 울어서 인형이 다 젖었어요. 그거 세탁하느라…"
옆에 아이가 더 이상 얘기하지 말라며 손으로 입을 막으려고 툭탁거립니다. 두 아이를 보고 있자니 어디선가 본 듯한 풍경 같습니다. 어라, 책 속의 수인과 하루코를 닮았네요. 책을 읽는 동안 아이들이 책을 닮아버린 모양입니다.

아이들과 함께 이야기를 나눈 책은 『푸른 늑대의 파수꾼』입니다. 몇 천 년이 흘러도 씻겨지지 않을 것만 같은 일제강점기의 아픈 역사를 그린 청소년 소설입니다. 작가는 타임 슬립을 도구 삼아 우리 민족이 겪은 아픔을 처절하지만은 않게 잘 그려내었습니다. 특히 이야기 속의 등장인물들이 토론을 하는 아이들과 비슷한 나이여서 더 공감대를 형성할 수 있었습니다.
주인공 오햇귀의 이름은 '이른 아침에 처음으로 비치는 햇살'이라는 뜻이 담긴 순우리말입니다. 작가는 주인공의 생년월일을 조합하여 만든 인디언식 이름, '푸른 늑대의 파수꾼'을 책 제목으로 삼았습니다. 그것에 착안해 맨 먼저 '북돋움 활동 1. 인디언식 이름에 의미 담기(300쪽)'를 통해 인디언식 이름을 만드는 것으로 토론 활동을 시작했습니다.
'인디언식 이름 짓기 표'를 PPT 화면으로 띄우니 아이들이 흥미롭게 자기 이름을 조합합니다. 일부 아이들은 형제의 이름까지 정성스럽게 짓더니 휴대폰을 꺼내 그 표를 사진 찍기도 합니다. 만나는 친구들마다 모두 인디언으로 만들어 버릴 태세입니다. 그동안 자기 이름을 썼던 네임텐트(네임텐트 활용법은 189쪽 참조)에 각자의 인디언식 이름을 적게 했습니다. 참여한 아이들 모두 출생연도가 2004년으로 동일하여 '웅크린'으로 시작하는 인디언들이 되었습니다. 우선 새로 만든 인디언 이름에 자기의 바람이나 특별한 의미를 담아 발표하였습니다. 그중에서 몇 명의 인디언 이름과 그들의 바람을 소개합니다.

- 양○현: '웅크린 불꽃', 웅크리고 있다는 것이 아직 활활 타오르지 않았다는 거니까 앞으로 불이 될 가능성이 많아요.
- 한○민: '웅크린 바람이 노래하다', 여기저기 돌아다니는 바람이 웅크리고 있다니 얼마나 큰 태풍이 될지 아직은 몰라요.
- 서○현: '웅크린 황소와 함께 춤을', 춤을 추는 것만큼 자기의 감정을 확실하게 보여주는 건 없는 것 같아요. 황소가 웅크리고 있으니 일어서면 얼마나 큰 황소가 될지 기대가 돼요.
- 이○규: '웅크린 달빛과 함께 춤을', 밤에 달빛을 보면 왠지 평온하고 행복한 기분이 드는데 춤까지 추고 있다니 정말 좋아요.

토론하는 동안 인디언식 이름으로 서로를 부르기로 했더니 분위기가 한층 무르익어 더욱 열띤 토론이 이어졌습니다. 총 열 개의 발문으로 토론했는데 그중 세 가지를 정리해 소개합니다.

토론 1: 위안부였던 수인 할머니에 대한 인터뷰를 계속해야 할까? (296쪽, 선택적 발문 1번 활용)

> 햇귀는 수인 할머니를 만나 인터뷰를 하고 그 내용을 정리하는 봉사를 맡았습니다. 수인 할머니는 일제강점기의 일을 다시 기억해내는 것이 힘들어 부쩍 악몽을 꾸곤 합니다. 수인 할머니의 기억을 되살리는 것이 건강을 더 해치고 있는 상황에서 인터뷰를 계속하는 것에 대해 여러분은 어떻게 생각하나요?

"아, 정말 입장 선택하기 곤란해요. 이걸 어떻게 선택해요?"
발문 읽기가 끝나자 여기저기서 짧은 탄식이 흘러나왔습니다. 하지만 그것도 잠시, 아이들은 진지하게 고민한 끝에 '계속해야 한다'와 '중지해야 한다'로 입장이 나누어져서 다음과 같이 주장했습니다.

계속해야 한다	중지해야 한다
· 서○현: 위안부 문제 해결에 대한 증거자료는 많을수록 좋은 것 같아요. 새로운 증거가 계속 더 필요해요. · 양○현: 수인 할머니가 인터뷰를 하겠다고 스스로 결정한 일이니까 할머니의 의사를 존중해야 해요. · 신○서: 수인 할머니의 힘든 결단이 우리 국민들의 지속적인 관심을 끌어낼 수 있어요.	· 한○민: 위안부에 대한 자료는 이미 있는 것으로 사용하면 되지 굳이 수인 할머니까지 힘들게 할 필요는 없을 것 같아요. · 이○규: 수인 할머니의 건강을 우선 챙겨야 해요. 그동안 고통 속에서 살아왔는데 마지막까지도 힘들게 하면 두 번 고통 주는 거잖아요. · 김○원: 위안부 생존 할머니들의 인터뷰를 계속한다고 해도 일본의 태도나 우리의 상황이 바뀔 것 같지는 않아요.

인터뷰 이후에 악몽을 자주 꾼다는 수인 할머니의 고통을 공감하기 때문이었는지 아이들은 다른 책을 읽고 독서토론을 할 때보다 상대방의 의견에 더 귀를 기울였습니다.

토론 2: 유메의 할머니가 조선인 언니에게 전하고 싶은 '미안함'은 어떤 의미일까? (294쪽, 해석적 발문 2번 활용)

> 유메의 할머니는 돌아가시기 전에 손녀 유메에게 비밀스러운 유언을 남깁니다. 경성에서 함께 살던 조선인 언니에게 미안하다는 말을 전해달라는 내용이었습니다. 유메의 할머니가 조선인 언니에게 진심으로 전하고 싶었던 '미안함'은 어떤 의미일까요?

미안함에 숨어 있는 여러 가지 의미를 '씨앗 스틱'을 활용하여 구체적으로 표현해 보도록 했습니다. '씨앗 스틱'은 63개의 미덕을 스틱 형태로 만들어 놓은 수업 도구입니다. 이 중에서 유메의 할머니가 조선인 언니에게 전하려는 미안함을 구체적으로 표현할 단어를 고르게 했습니다. 유메의 할머니와 조선인 언니는 일제강점기 시절의 하루코와 수인입니다. 그들의 관계와 시대적 상황을 고려하여 그 미안함에 대해 생각해 보도록 했습니다. 다음은 아이들이 고른 씨앗 스틱과 발표 내용 몇 가지를 정리한 것입니다.

- 양○현: '경외심'이 적혀 있는 씨앗 스틱을 골랐어요. 유메의 할머니와 수인 할머니는 어린 시절에 만났었잖아요. 자기와 같은 나이인데도 그렇게 힘든 시간을 어떻게 견뎠는지 경외하는 마음이 들어 더 미안할 것 같아요.
- 이○규: '행복'이 적혀 있는 씨앗 스틱을 골랐어요. 자기네 집에서 수인 할머니가 식모살이 하면서 무시당하는 삶을 살게 했던 것이 미안했을 것 같아요. 수인 할머니도 아버지와 살던 때는 지금의 우리와 별다를 것 없이 행복해 보였거든요. 그 행복을 빼앗은 미안함이었을 것 같아요.
- 김○원: '결단'이 적혀 있는 씨앗 스틱을 골랐어요. 유메 할머니가 느꼈던 미안함을 꼭 전달하겠다고 한 게 결단이라고 생각해요. 사과를 하기 위한 결심이죠.

- 한○민: '정의'가 적혀 있는 씨앗 스틱을 골랐어요. 일본이 무엇이 정의인지 모르는 것에 대한 미안함이라고 생각해요. 하루코가 느끼는 부끄러움을 일본이 알았으면 좋겠어요.

유메네 할머니의 미안함 속에 이렇게 다양한 뜻이 담겨 있을 줄 미처 몰랐습니다. 구체적인 단어로 아이들의 감정을 들으니 수인 할머니의 고통이 더 진하게 와닿았습니다.

토론 3: 햇귀를 대하는 태후의 태도가 변한 이유는 무엇일까? (294쪽, 해석적 발문 3번 활용)

> 학기 초에 친절했던 태후는 햇귀가 집으로 초대한 이후부터 달라지기 시작했습니다. 처음에는 가벼운 장난 같았는데 점점 강도가 세져서 이제는 돌이키기 힘들 정도가 되었습니다. 햇귀를 대하는 태후의 태도가 변한 이유는 무엇이라고 생각하나요?

네임텐트에 자신의 생각을 먼저 적게 했더니 아이들은 다양한 의견과 함께 화가 나서 불을 내뿜고 있는 이모티콘까지 그렸습니다. 다음은 아이들이 태후의 태도 변화에 대해 발표한 내용입니다.

- 양○현: 햇귀가 착하게 대해 줬더니 너무 만만하게 봤어요.
- 이○규: 그렇게 하는 게 친구라고 착각한 것 같아요.
- 한○민: 처음에 조금 잘못했을 때 바로잡아 주지 않으니까 점점 더 심하게 한 것 같아요.

대부분 비슷한 의견이 오가고 있을 때 한 아이가 갑자기 손바닥을 딱 치며 말했습니다.

· 서○현: 선생님, 저는 이 두 사람 관계에 빅 픽처(big picture)가 있는 것 같아요. 태후와 햇귀가 일본과 우리나라의 경우와 비슷해 보여요.

이 말에 특히 공감하는 학생들이 많았습니다. 그래서 이 질문을 좀 더 심화하여 새로운 질문을 던졌습니다.

"그럼, 저자가 일본의 태도를 태후에게 빗대어 놓은 것은 어떤 것들이 있을까?"

· 양○현: 햇귀가 다 받아주니까 약한 줄 알고 태후는 자기 힘을 멋대로 휘둘러요. 과거에 일본이 우리나라보다 좀 잘 산다고 침략하고 폭력을 휘두른 것하고 같아요.
· 한○민: 태후가 햇귀네 집에 제멋대로 들어가서 라면 끓여 오라고 하는 게 일제강점기 때 일본이 우리나라에서 식량 수탈해 간 것하고 똑같아요.
· 김○원: 태후는 선생님과 햇귀에게 대하는 태도가 다르잖아요. 선생님 앞에서는 모범생처럼 예의 바르게 행동하면서 햇귀에게는 괴롭히기만 해요. 일본도 세계에서는 선진국이라고 대우받는 데다가 예의 바르고 깨끗한 국민들이라고 칭찬받잖아요. 그런데 우리나라에겐 더럽고 못된 짓만 했어요.
· 서○현: 얼마 전에 〈너의 이름은〉이라는 애니메이션을 봤어요. 일본인들이 일어나지 않았으면 좋겠다고 바라는 일본 대지진을 혜성 충돌에 비유한 이야기였어요. 일본은 자기네가 피해 본 것만 생각하고 그것만 기억하려는 것 같아요. 완전 피해자 코스프레예요. 우리도 다시 일어나지 않았으면 좋겠다고 생각하는 게 일제강점기인데요.

- 이○혜 : 그런데 우리나라도 베트남에서 일본처럼 잘못한 일이 있대요. 정확하게는 잘 모르지만 아무튼 일본에게 당한 우리는 그러면 안 되잖아요?

마지막 학생이 말한 것은 아마도 베트남전 당시 한국군이 저지른 양민 학살에 대한 이야기인 듯했습니다. 어디에서 들었는지 그 학생은 전쟁으로 인한 피해와 분노를 우리의 모습에서도 찾고 있었습니다.

토론 활동을 한 아이들은 일상의 행복을 빼앗긴 어린 수인과 자신의 나라가 저지른 만행에 충격을 받아 스스로 바다에 몸을 던진 어린 하루코에게 공감했습니다. 그리고 아직도 전쟁의 피해자가 배상받지 못한 것에 대해 안타까워했습니다. 다시는 이러한 역사가 되풀이되지 않기 위해 우리는 그 시간을 기억해야 합니다. 미래의 주역은 청소년이라고 어른들은 말하면서 진즉 어른들이 풀었어야 할 일을 이들에게 떠넘긴 것 같은 생각이 들었습니다. 역사를 소재로 한 소설로 독서토론을 하면 문학적 이해뿐 아니라 역사적 맥락에 대한 이해도 더 깊어지는 이점이 있습니다. 얽힌 매듭을 풀기 위한 해결법으로 독서와 토론의 힘을 믿어 봅니다.

2장
사랑의 또 다른 이름, 가족

#1
너는 영원히 빛나는 존재야!

#두려움, #사랑, #홀로서기, #우정, #가족, #친구, #하트,
#이별, #죽음, #성장, #믿음, #위로, #삶, #고민, #갈등

About the Book

두려움에게 인사하는 법
김이윤 지음, 창비, 2012

외발자전거를 타면서 여여는 멀리 봐야 넘어지지 않고 탈 수 있다는 것을 깨닫고 아무리 세게 넘어져도 삶을 놓지 않겠다고 다짐합니다. 그래서 엄마와의 이별 후에도 여여는 이름처럼 굳건히 살아갈 것이라는 생각이 듭니다. 때로는 뒤로 가기도 하겠지만 여여라면 충분히 잘 해낼 것 같습니다.

외발자전거를 타는 것 같은 인생에서 여여가 찾은 수많은 하트들이 분명 여러분 곁에도 있을 겁니다. 씩씩한 여여가 전하는 희망의 메시지에 귀 기울여 보세요.

함께 보면 좋아요
『그날, 고양이가 내게로 왔다』 김중미 지음, 낮은산, 2016
『무릎딱지』 샤를로트 문드리크 지음, 올리비에 탈레크 그림, 이경혜 옮김, 한울림어린이, 2010

낱말 퍼즐

가로 | 1.장화 2.아기염소 3.가시오페이아 4.팔공 5.해일 6.동굴아이스크림 7.가슴둘레 8.양 9.개 나리 10.용돌치다

세로 | ①동아예 ②사형활동 ③안드장이 ④초가 ⑤중이배 ⑥시리우스 ⑦페미니스트 ⑧이동이를 ⑨장돌이 ⑩인디자진가 ⑪가운수 ⑫낙담 ⑬몸 ⑭내기

【가로】

1. 엄마의 암 판정을 들은 여여의 마음을 표현할 수 있는 말. 하늘이 무너짐.

2. 여여가 또래 상담에서 배운 대화법. '어떤 이야기인지 기분을 공감하고 역지사지의 차이를 인정하며 들어 준다'의 앞 글자를 딴 말.

3. 세미가 선택한 별자리 이름. 포세이돈이 이 왕비의 허영심에 대한 처벌로 별자리로 만듦.

4. 여여 엄마의 병명을 의사가 확실하게 말함. 판단하여 결정함.

5. 다른 나라의 문화나 사상 따위를 거부하여 내침.

6. 엄마는 여여의 가슴속에 빛이 있다고 함. 어둠 속에 있을 때 이끌어 주고, 밝음 속에 있을 때 반짝거리면서 잘하고 있다고 알려줄 거라고 함. 그래서 여여가 스스로 붙인 자신의 빛 이름.

7. '말이나 사건 등의 부차적인 설명은 빼 버리고 사실의 요점만 말함'을 뜻하는 사자성어.

8. 환자가 질병을 치료하기 위하여 편안한 장소에서 쉬면서 심신을 보살피는 것. 여여의 엄마가 병 때문에 파주로 감.

9. 달나라와 옥토끼를 연상시키는 나무. 나무의 생김새는 넓은 타원형으로 강하고 멋지게 생겼는데 잎사귀는 여린 하트 모양.

10. 혼자 남게 될 여여의 몸과 마음이 이렇게 됨을 나타내는 동사. 몸을 우그려 작아지게 하다.

【세로】

① 여여가 아빠를 만나고 나서 씩씩한 발걸음으로 집에 가는 길에 산 군것질거리.

② 어떤 목표에 도달할 때까지 여러 가지를 실행하고 실패를 되풀이하는 일.

③ 여여가 자신의 아빠를 닮고 싶어 바꾸려고 노력한 부분. 왼손을 더 능숙하게 사용하는 사람.

④ 여여는 외삼촌에게 ○○. 형제자매의 자식을 이르는 말.

⑤ 서 이사가 자신에게서 떠나보내야 할 것을 적고 이것을 만들어 강물에 띄워 보내자고 함.

⑥ 여여가 드럼 학원에서 만난 남자 선배를 칭하는 말. 밤하늘에서 가장 밝은 별.

⑦ 남녀가 평등하며 본질적으로 가치가 동등하다는 생각을 가진 사람을 칭하는 외래어.

⑧ 세미가 여여에게 준 알약의 개수. 100-1을 계산한 값의 순우리말.

⑨ 여여를 딸처럼 챙겨주는 엄마의 절친.

⑩ 여여가 서 이사의 강연을 듣고 와서 타는 법을 배우고 싶어 하는 바퀴가 하나인 탈 것.

⑪ 엄마가 요양하러 갔을 때 옆집 할머니가 무를 이용해 병을 낫게 하는 비방을 알려줌. 민간에서 행하는 관습과 주술에 근거한 의료 행위.

⑫ 여여가 경제캠프에서 만난 서 이사의 이름. 여여 아빠의 이름이기도 함.

⑬ 엄마의 죽음을 앞두고 여여가 가장 크게 느끼고 있는 감정. 위협이나 위험을 느껴 마음이 불안하고 조심스러운 느낌.

⑭ 엄마가 없는 삶의 ○○는 여여가 견디고 극복해야 할 숙제로 남음. 사물의 무거운 정도.

되새김 발문 : 내용을 되새겨 보아요

1. 엄마의 단짝 친구이며 여여를 수시로 챙겨주는 사람입니다. 세미에게 어려운 일이 생긴다면 여여도 그렇게 할 수 있을지 생각해 보게 하는 사람은 누구인가요? (30쪽)

2. 주치의는 여여 엄마와 같은 환자를 '○○○인 자살 환자'로 분류한다고 합니다. 불규칙한 생활과 식습관을 거듭하고 마음을 잘 관리하지 않아 죽음을 향해 서서히 다가가는 환자들을 표현한 말입니다. ○○○ 안에 들어갈 말은 무엇인가요? (40쪽)

3. 아빠의 존재에 대해서 알게 된 후 여여는 볼펜과 젓가락으로 이것을 연습합니다. 한 번도 보지 못한 아빠를 궁금해하며 여여가 따라 하는 이 연습은 무엇인가요? (56쪽)

4. 여여는 교무실 문 앞에서 짝사랑하는 선배를 보게 됩니다. 어쩐지 낯이 익었는데 알고 보니 여여가 다니는 음악학원에서 함께 악기를 배우고 있었습니다. 여여와 그 선배가 배우는 악기는 무엇인가요? (60쪽)

5. 경제캠프에서 서동수 이사는 이것을 인생에 비유했습니다. 앞으로도 뒤로도 갈 수 있는 것처럼 인생에서 후퇴와 추락도 성장의 한 부분이라고 말합니다. 경제캠프에 다녀온 여여가 배우려고 혼자 안간힘을 썼던 이것은 무엇인가요? (78~80쪽, 92쪽)

6. 시리우스와 함께 숲 공원에서 자전거를 타던 여여가 발견한 하트 모양 잎의 나무는 무엇이었나요? (112쪽)

7. 여여의 여행경비가 모자란다는 얘기를 듣고 자신에게 좋은 아빠 되는 법을 예습시켜 준 보답이라며 서 이사가 준 선물은 무엇이었나요? (177쪽)

8. 엄마가 주인공에게 지어준 '여여'라는 이름의 뜻은 무엇인가요? (184쪽)

9. 엄마는 여여의 가슴속에 빛이 있다고 합니다. 그 빛은 여여가 어둠 속에 있을 때 밝은 곳으로 이끌어 주고, 밝음 속에 있을 때 반짝거리면서 잘하고 있다고 알려주는 빛입니다. 이름 짓기 좋아하는 엄마를 위해 여여는 자신 안에 살고 있는 빛의 이름을 무엇이라고 지었나요? (194쪽)

10. 엄마의 장례식장에서 여여가 몹시 허기를 느끼자 외숙모는 마음이 허해서 그렇다고 합니다. 여여가 평소에 좋아하지도 않았는데 국물 한 방울까지 남기지 않고 다 먹은 음식은 무엇이었나요? (210쪽)

11. 서 이사는 여여에게 A4용지를 내밀며 떠나보내야 할 것들을 적으라고 합니다. 그러면서 자신은 다음 인사에 어떻게 될지 모르는 두려움을 적겠다고 합니다. 여여와 서 이사가 두려움을 적어 강에 띄워 보낸 것은 무엇인가요? (219쪽)

12. 엄마가 돌아가시고 외삼촌의 집에 들어가 살게 된 여여에게 세미는 분홍색 봉투를 내밀었습니다. 세미는 여여에게 마음이 아플 때 먹으라며 몇 알의 약을 넣어 주었나요? (224쪽)

정답

1. 정화 이모 | 2. 만성적 | 3. 왼손잡이 | 4. 드럼 | 5. 외발자전거 | 6. 계수나무 | 7. 호텔숙박권 | 8. '나 먼저 챙기고 다른 사람도 챙겨 주라' | 9. 발광 바이러스 | 10. 설렁탕 | 11. 종이배 | 12. 아흔아홉 알

해석적 발문 : 다양하게 생각해 보아요

1. 여여에게는 엄마가 아픈 것을 알게 된 날부터 여여만의 달력이 생겼습니다. 이 달력의 숫자가 의미하는 것은 무엇이라고 생각하나요?

> 다이어리를 꺼냈다. 오늘의 날짜에 58+1이라고 적었다. 엄마가 더 이상 가망이 없다는 걸 안 건 58일 전. 그리고 오늘은 엄마 없이 혼자 있는 첫날. 그래서 오늘의 이름은 58+1일이다. (25쪽)
>
> 엄마가 말기 암인 걸 알게 된 지 58일이 된 후 엄마는 시골집으로 갔고, 그 후 123일이 지나 돌아가셨다. 그리고 엄마가 돌아가신 지는 이제 63일. 그래서 나만의 달력으로 오늘은 58+123+63일이다. (223쪽)

2. 여여는 서 이사의 경제캠프에서 외발자전거 인생론에 대한 강연을 듣고 외발자전거를 배우기로 결심했습니다. 여여는 왜 외발자전거를 배우고 싶었을까요? (134쪽)

3. 아빠를 찾아간 여여는 아빠의 여자를 보고 '내 기준에 고운 얼굴은 아니고 다만 안전해 보였다'라고 합니다. '안전해 보인다'는 것은 여여에게 어떤 의미였을까요? (180쪽)

4. 엄마는 여여 안에 빛이 있다고 말합니다. '발광 바이러스'라고 이름 붙인 여여의 빛이 가장 잘 드러난다고 생각하는 장면을 책 속에서 골라보세요. 어느 부분인가요? (194쪽)

5. 서 이사를 만나 떠나보낼 것을 종이배에 적어 띄우고 집으로 돌아오는 길에, 여여는 한 블럭을 더 걸어 나가 붕어빵을 샀습니다. 일부러 걸어 나가기까지 해서 여여가 붕어빵을 산 이유는 무엇일까요? (222~223쪽)

6. 세미에게 약 봉투를 받고 돌아서는 여여의 왼쪽 눈에서 한 줄기 눈물이 흘러내립니다. 이때 여여는 강인한 오른쪽 눈에서는 눈물이 흐르지 않아 다행이라고 생각합니다. 여여에게 왼쪽과 오른쪽은 어떤 의미일까요? (224쪽)

선택적 발문 : 입장을 선택해 보아요

1. 아빠가 왼손잡이였다는 사실을 알게 된 후 여여는 왼손으로 볼펜 잡는 연습, 젓가락 잡는 연습을 합니다. 여러분은 아빠를 닮고 싶어 하는 여여의 마음에 공감하나요? (55~56쪽)

☐ 공감한다   ☐ 공감하지 않는다

이유 ....

2. 여여의 엄마는 여권신문에서 일하는 사진작가입니다. 엄마는 가난한 사람과 장애인, 여성을 사회가 합리적으로 지원하고 배려해야 한다고 생각합니다. 이들은 모두 소수자이며 약자라고 생각하기 때문입니다. 여러분은 여여 엄마의 생각에 동의하나요? (123~124쪽)

☐ 모두 약자라고 생각한다   ☐ 일부는 그렇지 않다   ☐ 전부 그렇지 않다

이유 ....

3. 엄마가 돌아가신 후 마음을 잡지 못하던 여여는 서 이사를 만납니다. 부르고 싶은 호칭이 있냐고 묻는 서 이사의 말에 여여는 눈물이 핑 돌았지만 아빠라는 말을 애써 참습니다. 서 이사에게 자신이 딸이라고 밝히지 않는 여여의 행동에 대해 어떻게 생각하나요? (216쪽)

☐ 공감한다   ☐ 공감하지 않는다

이유 ....

사색적 발문 : 생각을 넓혀 보아요

1. 여여가 깜빡 잠이 드는 바람에 듣게 된 성인반 드럼 수업 선생님은 마른 체형에 머리를 길게 묶어 문장 부호로 표현한다면 딱 느낌표처럼 생겼습니다. 여러분도 자신 또는 친한 사람을 문장 부호로 표현한다면 어느 것이 어울릴지 아래 문장 부호에서 선택하고 이유를 이야기해 보세요. (74쪽)

?	!	,	.	·	' '	" "	……
물음표	느낌표	반점	온점	가운뎃점	작은따옴표	큰따옴표	말줄임표

예) 문장 부호와 인물: ' '(작은따옴표) / 내 친구 은주
　　선정 이유: 생각이 많은 아이라 겉으로 잘 드러내지 않아서

문장 부호와 인물:
선정 이유:

2. 아픈 엄마도 돌봐야 하고 공부도 해야 하는데 자꾸만 시리우스에게 신경이 쓰이는 여여는 고민스럽습니다. 이 외에도 여러 가지 갈등 상황에 처할 때마다 여여가 고민하는 부분을 찾아보고 여여의 '갈등 상황 베스트 3'을 선정해 보세요. (106쪽)

내가 뽑은 갈등 상황 베스트 3

1. 예) 엄마에게 갈까? 시리우스를 만날까?

2.

3.

3. 힘들고 지친 여여에게 세미는 또래 상담 교육에서 배운 '어기역차'를 실천해 보자고 제안합니다. '어기역차'는 상대방의 마음을 이해해주는 대화법의 일종입니다. 여러분이 지금 가지고 있는 가장 큰 고민은 무엇인가요? 친구와 짝을 지어 '어기역차' 대화법으로 고민을 나눠 봅시다. (144~145쪽)

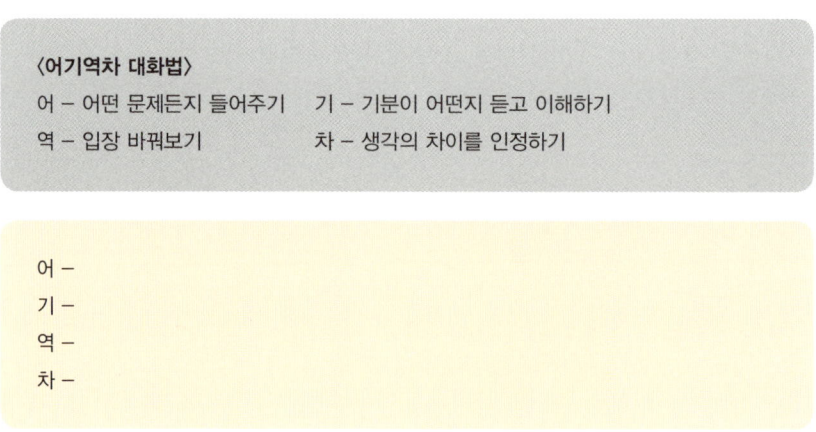

4. 앓는 소리조차 내지 않고 잠든 엄마 옆에서 여여는 아빠에게 보내는 문자 메시지를 작성합니다. 그러나 차마 아빠에게 보내지 못하고 자신에게 전송합니다. 여여가 아빠한테 진짜 받고 싶은 문자 메시지는 어떤 내용일까요? 아래 문자 메시지에 대한 아빠의 답변을 상상해 보세요. (198쪽)

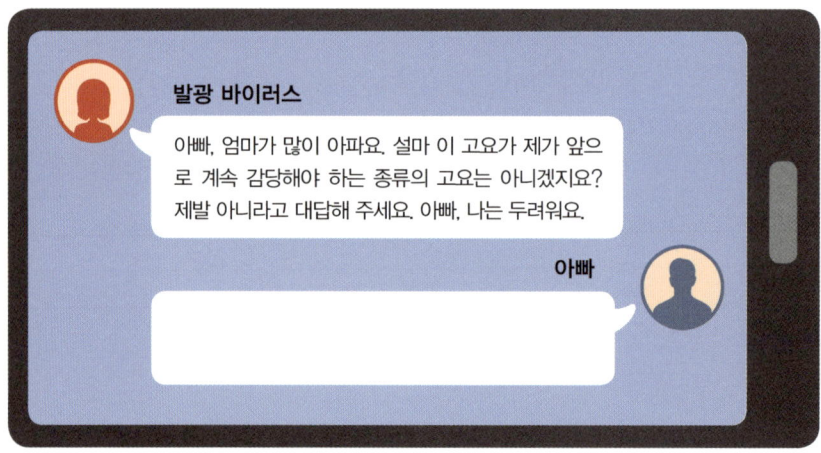

5. 엄마가 돌아가시고 난 뒤 서 이사를 만난 여여는 악몽을 꾼 이야기를 털어놓습니다. 서 이사는 자신도 두려운 것이 있다고 하며 두려운 것들을 종이배에 적어 떠나보내자고 합니다. 여러분이라면 종이배에 무엇을 적을 건가요? (219쪽)

> 나의 두려운 것:

6. 주인공 여여의 이름은, 나 먼저 챙기고 다른 사람도 챙겨주라는 뜻으로 '나 여(余)' 자에 '너 여(汝)' 자를 붙였다고 합니다. 여러분의 이름은 어떤 뜻을 가지고 있나요? (184쪽)

> "엄마가 우리 여여 이름 지을 때 얘기 해 주었던가?"
> "나 참, 백번도 더 들은 이야기잖아."
> "그럼 이번에는 네가 엄마한테 이야기해 줘. 네 이름이 왜 여여인지."
> "왜 시험 보시게? 좋아, 얼마든지. 음…… 나는 엄마 성을 받아서 김가이고요, 하늘에서 뚝 떨어진 어여쁜 소녀에게 엄마는 여여라는 이름을 지어 주었어요. 한자로는 '나 여(余)' 자에 '너 여(汝)'자가 붙어서 여여죠. 나 먼저 챙기고 다른 사람도 챙겨주라고 여여가 된 겁니다. 덕분에 소녀는 친구 관계가 좋구요, 다른 사람도 잘 챙깁니다. 가끔 자신을 잘 못 챙기는 게 흠이지만 차차 나아지겠죠. 됐어? 만점이지?"

> 나의 이름:
> 뜻:

북돋움 활동 1

여여를 둘러싼 사랑

여여는 시리우스와의 추억을 정리하기 위해 돌아다니다가 공원에 있는 유리 온실에 들어갔습니다. 그곳에서 여여는 잎사귀 모양이 하트인 것이 계수나무만은 아니라는 것을 깨닫게 됩니다. 다양한 하트 모양의 식물들처럼 여여를 둘러싼 사랑도 가지각색입니다. 유리 온실 속에 있었던 식물들의 꽃말과 연관 지어 여여가 책 속의 인물들에게 가진 사랑의 감정을 비유해 보세요. (169~170쪽)

> 세상에, 잎사귀 모양이 하트인 건 계수나무만이 아니었다. 온실 안의 키 낮은 야생화 하나는 하트 모양의 잎을 주렁주렁 달고 있었는데, 이름표에는 자주괭이밥이라고 적혀 있었다. 그뿐이 아니었다. 러브체인이라고도 불린다는 설명이 따로 붙은 세로페지아, 하트호야, 하수오, 하트아이비, 클로버, 사랑초, 동의나물, 곰취…… 죄다 하트 모양의 잎을 매달고 있었다. 온실 안은 바람 한 점 없는데, 수많은 하트 모양의 잎들이 나를 향해 일제히 손을 흔들었다.
> 날 봐, 나도 좀 봐, 나도 하트야, 나도 나도 나도 하트야…….
> 셀 수 없이 많은 하트가 나를 둘러싸고 빠르게 빙빙 도는 통에 어지러웠다. 하트가 이렇게나 많단 말인가. 사랑은 이런 거였나.

이미지	이름	꽃말	떠오르는 사랑의 모습
	세로페지아	끈끈한 사랑, 사랑 키우기	
	하트 호야	귀여운 사랑	예) 시리우스에 대한 여여의 감정은 설레고 아직 덜 익은 사랑 같다.
	하트 아이비	행운과 사랑	
	사랑초	당신을 버리지 않을게요	예) 엄마를 지키고 싶은 여여의 마음이 사랑이라고 생각한다.
	동의나물	다가올 행복	
	곰취	보물, 여인의 슬기	

2장 사랑의 또 다른 이름, 가족

#2
개구리밥처럼 떠도는 난민의 아픔을 이해하라!

#난민, #통일, #사족, #탈북, #그리움, #정착, #친구, #재회, #고향, #새터민, #모천회귀, #조국, #차별, #보호, #미래

About the Book

난민 소녀 리도희
박경희 지음, 뜨인돌, 2017

도희는 북한에서 온 탈북자입니다. 기자였던 아버지가 정치수용소에 갇히자 엄마는 난민 신청을 위해 도희를 캐나다로 보냈습니다. 그러나 북한에서 고위층으로 살던 사람이나 그 자녀는 난민으로 인정받기 어렵다고 해서 결국 서울로 들어오게 됩니다. 엄마를 찾아 연길로 떠났다가 우여곡절 끝에 다시 서울로 돌아올 결심을 하면서, 도희는 집처럼 지니고 다닌 배낭을 버리고 새로 사야겠다고 합니다.

도희가 만난 은우와 아리랑 아저씨, 영화 언니, 구희까지 모두 뿌리를 내리지 못한 나무와 같았습니다. 그들이 햇볕 잘 드는 양지에 자리를 잡고 튼튼한 뿌리를 내렸으면 좋겠습니다.

함께 보면 좋아요
『거리 소년의 신발』 이성주 지음, 김수현 옮김, 씨드북, 2017
『통일소년 단단』 이동훈 지음, 어문학사, 2017
『통일한국 제1고등학교』 전성희 지음, 자음과모음, 2017
『류명성 통일빵집』 박경희 지음, 뜨인돌, 2013

낱말 퍼즐

가로 | 1.대통령궁 2.응접실 3.가구도시 4.색연필 5.화나다 6.의식주 7.이나 8.양동이 9.다람쥐라
10.바쁘다 11.이리저리 12.장점 13.꽃게 14.오렌지

세로 | ①대출 ②고기잡이배 ③시디 ④쌓여 ⑤가득히 ⑥개구리들 ⑦다이빙 ⑧희망 ⑨미라이소재미 ⑩지구
⑪도와줘 ⑫장점을 ⑬가오리 ⑭제자리

정답

40

【가로】

1. 탈북자들이 가장 많이 정착하는 나라이며 도희가 두 번째로 거친 나라.
2. 중국 지린성 동부의 도시. 주민의 절반 이상이 조선족. 도희가 엄마를 찾으러 갔던 중국의 지명.
3. 은우가 꿈을 이루기 위해 귀국하여 방송국에서 ○○○○○을 치름. 가수가 되기 위한 관문 중 하나.
4. 친한 친구를 뜻하는 북한말.
5. 탈북자가 우리나라에 왔을 때 정착을 돕기 위한 교육과 지원을 하는 기관.
6. 난민 소녀 ○○○. 북한에서 아빠가 숙청당해 불안해지자 엄마는 ○○○를 캐나다에 보내 난민 신청하게 함.
7. 도희와 친한 언니는 방송에 출연하면서 예쁜 외모 덕분에 '탈북○○'라고 불림. 얼굴이 아름다운 여자를 일컫는 말.
8. 고향을 그리워하며 생각함.
9. 도희가 엄마를 찾아가는 과정을 이 영화 형식으로 만들자는 제안을 받아들여 촬영하러 감. 허구가 아닌 현실 그대로를 전달하는 영화.
10. '불에 달구고 두드려 날카롭게 만들다'라는 뜻의 동사.
11. 캐나다에 도착한 도희가 무작정 길을 걷다가 들어간 한국 음식점 이름. 도희에게 숙식을 제공하고 보살펴 준 곳.
12. 국가 또는 정치집단 사이의 폭력이나 무력을 사용하는 상태. 한국 ○○으로 남북이 나뉘게 됨.
13. 집 없이 떠돌면서 구걸하거나 도둑질하는 유랑자를 이르는 북한말.
14. 도희는 같은 탈북인의 입장에서 잘 지내려고 했지만 북한의 기억을 잊고 새 출발하고 싶은 욕망이 강했던 여자아이의 이름.

【세로】

① 도희가 학교에서 통일 관련 강의를 맡게 되자 일부 아이들은 ○○에 들어가기 위한 스펙을 쌓기 좋겠다고 비아냥거림.
② 국가의 정보활동에 관한 기본정책을 수립하고 집행하는 대통령 직속의 국가 최고정보기관. 줄여서 국정원이라고 함.
③ 캐나다에서 도희와 헤어지게 된 은우가 음악을 담아 선물한 것.
④ 캐나다의 스톤 계곡에서 본 물고기. 모천회귀 물고기의 대명사로 고향을 그리워하고 엄마를 다시 만나고 싶어 하는 도희의 심정을 드러냄.
⑤ 도희와 은우는 어디에도 정착하지 못하는 자신들을 닮은 풀이라고 여김. 물 위에 둥둥 떠 있는 물풀의 이름.
⑥ 건물 아래에 땅을 파고 만든 방.
⑦ 도희는 두만강 너머의 고향에 가지는 못하지만 ○○을 갖고 운동화를 가지런히 놓는 것으로 마음을 표현함. 앞일에 대하여 좋은 결과를 기대함.
⑧ 도희가 작은 텃밭을 가꾸어 키웠던 것으로 고향을 생각하면 독특한 냄새가 느껴져 입맛을 자극하는 다년생 풀의 이름.
⑨ 여러 나라가 관여하거나 여러 나라의 것이 섞임.
⑩ 깎아지른 듯 높이 서 있는 가파른 지형. 나아갈 바를 알지 못하는 상황을 빗대어 흔히 '○○ 끝에 몰리다'라고 표현.
⑪ 도희가 엄마 목소리를 들을 수 있는 유일한 통로. 휴대전화의 북한말.
⑫ 연길에서 만났던 구희가 선교단체를 통해 가게 된 제3국의 이름. 동남아시아 인도차이나 반도의 중부에 있는 나라.
⑬ 도희가 엄마를 찾아가는 과정을 영상으로 ○○하려고 함. 기계나 작품 따위를 일정한 재료를 사용하여 만듦.

되새김 발문 : 내용을 되새겨 보아요

1. 이 책에 등장하는 북한말에 해당하는 설명을 이어보세요.

① 딱친구 •
② 볶음머리 •
③ 꽃제비 •
④ 손전화 •

• ⓐ 엄마의 소식을 기다리는 도구. 기다리는 엄마 소식은 오지 않고, 불법 독촉만 와서 실망함.
• ⓑ 파마의 형태로 하는 머리 손질. 탈북인들이 남한에서는 간단한 도구로 파마 효과를 볼 수 있다는 것을 신기해함.
• ⓒ 친한 친구. 캐나다에서 만난 은우와 헤어짐을 아쉬워할 정도로 친해짐.
• ⓓ 연길 국경선 일대를 돌아다니며 구걸하는 유랑자. 북한에서는 이 존재 자체를 공식적으로 부인함.

2. 엄마는 도희를 캐나다로 보내는 수속을 밟으며 가족의 모든 것이 들어있는 이것을 맡깁니다. 도희가 집처럼 지니고 다녔던 빨간 색깔의 이것은 무엇인가요? (11쪽)

3. 난민신청 심사위원들은 북한에서 고위층으로 살던 사람이나 그 자녀는 난민으로 인정받기 어렵다고 합니다. 가족의 생사가 달린 상황에서 도희에게 걸림돌이 된 도희 아버지의 직업은 무엇이었나요? (23쪽)

4. 임시 난민증을 받은 도희는 길을 걷다가 무작정 한국 음식점을 찾아 들어갑니다. 마음이 끌려 들어갔다가 그곳의 다락방에서 살게 되었던 음식점의 이름은 무엇인가요? (28쪽)

5. 연못 위에 떠 있는 식물을 보고 도희는 자신의 신세와 비슷하다고 느낍니다. 뿌리 끝이 추처럼 뭉쳐져 있어 뒤집히지 않고 그대로 떠올라 '부평초'라고도 불리는 이 식물의 이름은 무엇인가요? (35쪽)

6. 한국으로 가게 된 도희에게 아리랑 아저씨는 나무로 깎은 물고기 모양의 조각품을 줍니다. 도희에게 고향을 떠올리게 했던 이 물고기는 무엇인가요? (70쪽)

7. 남한의 고등학교 생활이 버거운 도희에게 유일한 쉼터가 되어주는 곳이 있습니다. 탈북자를 돕는 선교단체가 운영하는 곳으로 평양보다 더 낙후된 곳은 어디인가요? (95쪽)

8. 도희가 연길에 가기 위한 경비 문제로 원장님은 전주 이씨 종친회에 도움을 요청합니다. 그 결과 도희는 연길에 가는 경비뿐만 아니라 장학금까지 받게 되었습니다. 원장님이 도움을 요청할 때 근거로 제시했던 도희의 물건은 무엇인가요? (111쪽)

9. 도희는 연길에서 짐승과 같은 삶을 살았다고 합니다. 북한을 탈출한 도희와 엄마의 약점을 잡아 끝없이 괴롭혔던 사람은 누구인가요? (124쪽)

10. 간사님의 배려로 북한 땅이 보이는 국경선 근처에 간 도희는 북한 땅을 바라보며 슬픔에 잠깁니다. 북한에 갈 수 없는 자신을 대신해 부모님에게 가 달라며 도희가 다리 위에 올려둔 것은 무엇인가요? (175쪽)

정답

1. ①-ⓒ, ②-ⓑ, ③-ⓓ, ④-ⓐ | 2. 배낭 | 3. 기자 | 4. 아리랑 | 5. 개구리밥 | 6. 연어 | 7. 환상촌
8. 족보 | 9. 외눈박이 영감 | 10. 운동화

해석적 발문 : 다양하게 생각해 보아요

1. 스티브 스톤 계곡으로 캠핑을 떠난 날, 도희는 북한을 탈출해 난민 신청을 하러 밴쿠버에 왔다고 은우에게 이야기합니다. 이 말을 들은 은우는 놀라기도 했지만 자신도 '떠도는 삶'이라고 도희를 위로합니다. 도희와 은우가 말하는 '떠도는 삶'의 같은 점과 다른 점은 무엇이라고 생각하나요? (41~42쪽)

같은 점	다른 점
예: 부모와 떨어져 홀로 지내고 있다	예: 은우는 돌아갈 데가 있지만 도희는 없다.

2. 캐나다에서 서울로 온 도희는 빨리 자리를 잡아 부모님을 모셔 와야겠다고 생각합니다. 그러면서 엄마가 왜 서울이 아닌 캐나다를 선택했는지 의문이 들기도 합니다. 엄마가 캐나다로 난민 신청을 하려 했던 이유는 무엇일까요? (86~87쪽)

3. 북한에서 온 도희와 남한에서 온 은우가 캐나다에서 만났습니다. 그 후 둘은 서울에서 재회합니다. 이 책에서 도희와 은우의 재회는 무엇을 의미할까요? (112~113쪽)

4. 도희는 탈북 미녀 프로그램에 나온 영화 언니를 보고 방송국으로 찾아갑니다. 하지만 쌀쌀맞게 대하는 영화 언니에게 왜 자기 사연으로 거짓 방송을 하는지 따지지는 않습니다. 도희는 왜 영화 언니에게 아무것도 묻지 않았을까요? (114~115쪽)

5. 구희를 통해 혁철의 소식을 전해 들은 도희는 많은 사람을 힘들게 하는 조국이 원망스럽습니다. 그리고 자신의 조국은 과연 어디인지 갈등하게 됩니다. 자신이 살아온 나라를 떠나 여러 곳을 전전하며 살게 된 도희에게 조국은 어떤 의미일까요? (168쪽)

선택적 발문 : 입장을 선택해 보아요

1. 도희가 다니게 된 통일 교육 지정 학교에서는 통일 교육 강사들의 강의가 효과가 없자 도희에게 강의를 해달라고 합니다. 강의를 하면 생활기록부에 기재되어 대학 진학에 도움이 될 거라는 학교의 제안에 대해 여러분은 어떻게 생각하나요? (93~94쪽)

> "우리 학교가 통일 교육 지정 학교라는 건 니가 더 잘 알지?"
> 알고 있다. 그래서 나도 일반 학교인 이 학교에 입학할 수 있었다.
> "그동안 통일 강사들이 와서 강의했는데 아이들에게 별 효과가 없었어. 교장 선생님이 학생들과 또래인 너를 특별 강사로 세우면 어떻겠냐고 하시더라고. 그래서 널 부른 거야. 어떠니?"
> 뜻밖의 제의라 어리바리한 표정으로 선생님을 바라보았다. 그리고 바로 드는 생각은 하기 싫다였다. 하지만 동포라고 나를 받아 준 남조선, 그리고 학교의 일이라니 거절할 수가 없었다.
> '내가 도움이 된다면 해야 하지 않을까……..'
> "뭐 하는 건데요?"
> "그냥 네 이야기. 북한에서의 생활, 남한에서의 생활, 앞으로 네가 바라는 세상, 네 꿈을 이야기하는 거야. 강사료는 없지만 생활기록부에는 올라갈 거야. 대학 가는 데도 도움될 거고."

☐ 학교의 편의를 위한 결정이다   ☐ 도희의 진로를 위한 제안이다

이유 ....

2. 탈북 미녀들과 함께하는 추석 특집 텔레비전 프로그램에서 영화는 도희의 이야기를 자기 삶인 것처럼 말합니다. 여러분은 자기 삶을 솔직하게 말하지 않는 영화의 행동에 대해 어떻게 생각하나요? (101쪽)

> "우선 평양 공주로 살았던 오영화 양의 말을 들어 보겠습니다."
> 여자 MC의 말이 끝나자 카메라가 나를 클로즈업했다. 나는 카메라를 향해 상큼한 미소를 보내며 상상 속의 나로 변신해 갔다. 잠시 도희 얼굴이 스쳤지만 서둘러 지웠다.
> "저희 아빠는 러시아나 중국 등 세계를 다니며 취재했습니다. 그래선지 아빠는 아주 개방적이셨습니다. 내게도 마찬가지였지요. 아빠가 내게 선물이라며 쌍꺼풀 수술을 해 주기도 했습니다. 지금 제 눈은 북한에서 성형수술을 한 겁니다."

☐ 공감한다   ☐ 공감하지 않는다

이유 _____

3. 도희는 제작진과 함께 영화를 찍기 위해 연길에 도착했습니다. 하지만 연길 교도소에 수감되었다는 엄마의 행방은 알 수 없고 제작진은 다큐 영화를 찍는 것에만 신경 썼습니다. 이런 다큐멘터리 감독의 태도에 대해서 여러분은 어떻게 생각하나요? (131쪽)

> "언제쯤 엄마한테 가실 거예요?"
> "도희 양, 영화는 되는 대로 찍는 게 아니에요. 다시 말해 도희 양 마음이 급하다고 순서 없이 닥치는 대로 찍는 게 아니란 말이에요. 국경선 일대를 촬영하면서 꽃제비들 만나 인터뷰부터 할 거예요."
> "그걸 왜 이제 말해 줘요? 우리 엄마는 언제 찾으러 가요?"
> "아, 내가 말 안 했나? 그건 미안. 여하튼 정확한 소식이 들어오면 교도소를 찾아 나가는 콘셉트로 찍을 거예요. 도희 양은 순순히 따라 주면 돼요."
> 어이가 없었다. 당장 엄마를 찾으러 갈 줄 알았는데 감독님의 말로는 언제인지 예측할 수 없었다. 순간 나는 짜증이 나서 소리를 질렀다.
> "저는 엄마 찾는 일이 급하다고요. 도와주신다고 해서 따라온 거고요."
> "아, 알았어요. 기다리면 좋은 소식이 있을 거예요."

☐ 영화를 찍는 것이 우선이다   ☐ 엄마를 찾는 것이 우선이다

이유 _____

사색적 발문 : 생각을 넓혀 보아요

1. 캐나다에서 도희를 보살펴준 아리랑 아저씨는 도희를 보면서 자신의 가족을 생각하는 것 같습니다. 아저씨에게는 어떤 사연이 있는 것일까요? (68쪽)

2. 서울로 떠나기 전에 도희는 은우에게 자신이 살아온 이야기를 털어놓습니다. 만약 여러분이 은우라면 도희에게 어떤 말을 해 주고 싶은가요? (74쪽)

3. 도희는 엄마를 찾도록 도와준다는 말을 듣고 다큐멘터리를 찍자는 제안에 선뜻 동의합니다. 도희의 이야기를 찍은 다큐멘터리가 성공을 거두었다면 책의 내용은 어떻게 바뀌었을지 상상해 보세요. (109쪽)

4. 연길에서 서울로 돌아가는 도희는 구희를 꼭 안아줍니다. 구희를 보니 불현듯 영화 언니가 생각납니다. 도희가 서울에 와서 영화 언니를 만나게 된다면 어떤 이야기를 나눌지 상상해보세요. (176쪽)

북돋움 활동 1

도희의 새 배낭

도희의 빨간 배낭은 가족들의 소중한 물건과 새로운 곳에서 안정된 삶을 살기 바라는 엄마의 마음이 담겨 있습니다. 도희가 한국에 정착하려면 새 배낭이 필요합니다. 여러분이 도희의 새 배낭에 넣을 물건을 그려 넣고, 그 물건들의 의미나 메시지를 써주세요.

도희의 새 배낭에 넣을 물건과 의미

손수건이 그동안 흘렸던 도희의 눈물을 닦아주며, 새로운 일을 시작하면서 손을 씻고 닦는 데 쓰이면 좋겠다.

#3

뺑덕과 뺑덕어멈, 주연으로 등장하다!

#심청전, #고전, #재해석, #효, #패러디, #우정, #가족,
#희생, #관계, #기다림, #고백, #연민, #모정, #사랑

About the Book

뺑덕
배유안 지음, 창비, 2014

동네에서 '뺑덕'이라고 불리던 병덕은 의붓동생이 태어나자 찬밥 신세가 됩니다. 게다가 자신을 지켜주지 않는 아버지에 대한 서러움이 더해져 집을 나와 뱃일을 하던 중 친구 강재의 죽음을 겪습니다. 그 후 병덕은 어미를 찾아 나서고, 자신을 숨긴 채 강재의 이름으로 어미를 만나 조금씩 마음을 열어갑니다.

효녀 심청의 이야기, 심청전에 뺑덕어미는 있지만 뺑덕의 이야기는 없지요. 작가는 그것에 착안해 뺑덕(병덕)의 이야기를 지어냈다고 합니다. 기발한 상상으로 고전을 새롭게 해석한 이 작품을 통해 오늘날 효의 가치와 가족의 의미를 생각해 볼 수 있습니다.

함께 보면 좋아요
『뺑덕의 눈물』 정해왕 지음, 시공사, 2016
『청아 청아 예쁜 청아』 강숙인 지음, 이창훈 그림, 푸른책들, 2012

낱말 퍼즐

[crossword puzzle grid]

정답

가로 | ①곡물과 야채씨 2.곤수 3.고깔제배 4.자람 5.이빠 6.안지 7.배씨기 수컬 8.가자브순 9.운동사 10.마루대기 11.주안 12.하철운동사 13.안울 14.아카지 15.담드 16.가수쉬 17.우리치

세로 | ①꽃무침 ②이들 ③개피이 ④수기 ⑤배추안 ⑥애품 ⑦강동사 ⑧배씨 ⑨굳자리 ⑩주재무 ⑪양동 ⑫가자가지 ⑬양길 ⑭이드로운동 ⑮나들 ⑯꽃동용기 ⑰운동

【가로】

1. 장터에서 아이들과 싸움이 났을 때 병덕에게 밥을 사주고 배를 타러 오라고 한 사람.

2. 병덕이 진주를 캐서 돈을 벌게 된 것도 이것 덕분. 인간의 능력을 초월하는 천운.

3. 고기잡이 하는 데 쓰이는 배.

4. 국에 밥을 말아먹는 음식.

5. 병덕과 병덕의 어미가 오랫동안 만나지 못하고 떨어져 있거나 헤어졌던 상태.

6. 마음을 편안히 하거나 걱정을 없앰.

7. 『뺑덕』은 『심청전』의 ○○○○○. 작품을 모방하여 내용을 조금 바꾸어 쓴 소설.

8. 고전문학이나 고전동화는 ○○○○ 이어져 내려오는 이야기. 대대로 이어지는 여러 대의 자손을 이르는 사자성어.

9. 개울에 빠진 청이 아버지를 구해 준 스님이 살고 있는 절 이름.

10. 보자기로 물건을 싸서 꾸린 뭉치.

11. 병덕의 어미가 일하는 곳. 술과 밥을 팔면서 나그네를 머물게 했던 집.

12. 둘 이상의 단어가 결합하여 이루어진 동사. 예) 드나들다, 마주 보다, 뛰놀다 등.

13. 병덕이 청이와의 약속을 취소하고 쌀을 돌려달라고 요구하자 스님이 병덕에게 그려 준 꽃.

14. 병덕에게 든든한 바람막이가 되어주지 못하고 일찍 돌아가신 부모 중 한 분.

15. 소설의 구성 단계 중 첫 부분. ○○-전개-위기-절정-결말.

16. 뱃사람들이 물고기를 잡는 것 이외에 조개나 해산물을 캐서 올린 수입. 본업 이외의 일을 하여 얻는 수입.

17. 새로운 느낌을 일으키는 상징적 기능의 언어. ='상징 언어'

【세로】

① 눈치를 봐가며 얻어먹는 밥. 마음이 편치 않는 상황이나 상태를 이르는 말.

② 병덕 어미에게 병덕은 ○○.

③ 마을 사람들이 병덕 어미를 이렇게 부름. 자식을 낳아주기 위한 여자.

④ 일을 하느라고 힘들이고 애씀.

⑤ 『초정리 편지』, 『뺑덕』, 『스프링 벅』 등을 쓴 작가 이름.

⑥ 이름 이외에 부르는 호칭. 병덕-뺑덕, 강치-깡치

⑦ 사람들이 청이의 아버지를 부르는 말.

⑧ 사람으로서 마땅히 하여야 할 도리에 어긋나고 흉악함.

⑨ 윤덕이 태어나자 병덕이 집안에서 ○○○가 없어짐. 활동하는 일정한 공간을 비유적으로 이르는 말.

⑩ 손으로 무엇을 다루거나 만드는 재주.

⑪ 청이가 아버지를 잘 ○○한다고 소문이 자자함. 부모나 조부모 등의 웃어른을 받들어 모시고 섬김.

⑫ 국민의 건강과 보건, 복지, 사회보장 등 삶의 질 제고를 위한 정책 및 사무를 관장하는 중앙행정기관.

⑬ 내용을 뚜렷이 알 수 없을 만큼 논리적이거나 구체적이지 못함. ○○하다.

⑭ 병덕 어미가 보여주는 불안하고 신경질적인 행동들이 생이별한 아들에 대한 그리움에서 비롯된 것일지도 모름. 불안이 특징인 해결되지 않은 갈등에 의한 정서장애.

⑮ 사기로 만든 국그릇이나 밥그릇.

⑯ 청이처럼 어른이 되지 않은 상태의 여자아이를 비유적으로 이르는 말. 아직 피지는 않고 망울만 맺혀 있는 꽃.

⑰ 배가 항구에 들어옴.

되새김 발문 : 내용을 되새겨 보아요

1. 병덕은 ○○○ 자식이라고 놀리는 동네아이들에게 매번 주먹을 휘두릅니다. 병덕의 약점이며 곧 죽어도 참지 못했던 말은 무엇인가요? (8쪽, 14쪽)

2. 의붓어머니는 윤덕을 낳기 전까지 병덕에게 이 말을 가장 듣고 싶어 했습니다. 의붓어머니가 행복해하는 것 같아 병덕이 말끝에 항상 붙였던 이 말은 무엇인가요? (10쪽)

3. 장터에서 아이들과 큰 싸움이 났을 때 병덕에게 국밥을 사주면서 언제든지 배를 타러 오라고 한 사람은 누구인가요? (20쪽)

4. 이것은 무엇인가요?

- 고기잡이 이외에 큰 수입을 올릴 수 있는 것 (23쪽)
- 이것을 팔아 배밭골 영감은 큰 부자가 되었지만 주둥이 아저씨는 노름으로 모두 날림 (23쪽)
- 병덕과 강재가 조개를 구워 먹다가 발견한 것 (61쪽)

5. 병덕의 친구는 자신 때문에 기죽어 사는 누나에게 논 한 마지기 값을 벌어주기 위해 배를 탑니다. 성질이 찐득해 병덕과 늘 주먹다짐을 하곤 했던 이 사람은 누구인가요? (28쪽)

6. 생모를 찾아 나선 병덕은 의붓어머니가 가르쳐준 집으로 향합니다. 그러나 그곳에서 자신의 가족에 대한 이야기만 들었을 뿐 생모는 없었습니다. 마을 사람이 병덕의 생모가 일하는 곳이라며 알려준 곳은 어디였나요? (39쪽)

7. 병덕과 강재는 티격태격하면서도 서로 의지하며 둘도 없는 친구가 되었습니다. 병덕이 강재를 부르는 또 다른 호칭은 무엇이었나요? (83쪽)

8. 앞이 훤히 보이는 것처럼 다니던 심봉사는 발을 헛디뎌 개울에 빠집니다. 개울에 빠진 심봉사를 구해준 사람은 누구였나요? (136쪽)

9. 주막에 온 한 무리의 장사꾼이 큰돈을 주고서라도 이것을 사겠다며 떠들어댑니다. 뺑덕 어미는 그 말을 듣고 화를 내며 난동을 부립니다. 장사꾼들은 무엇을 사겠다고 했나요? (143쪽)

10. 청이가 꿈속에서 어머니를 만나 정답게 이야기를 나눈 장소는 물결이 일렁이는 곳이라고 합니다. 어머니가 자신에게 아버지의 눈 뜰 기회를 주는 것 같다고 한 그곳은 어디인가요? (154쪽)

11. 병덕은 청이를 구하기 위해 봉은사로 찾아갑니다. 허황된 약속을 취소하고 쌀을 돌려달라고 하자 스님은 알 듯 모를 듯 도인 같은 말을 하며 청이에게 종이를 전해 달라고 합니다. 스님이 준 종이에는 무엇이 그려져 있었나요? (158쪽)

12. 스님의 밀고로 옥에 갇힌 병덕에게 어미가 찾아옵니다. 병덕을 위해 어미가 가져온 것은 무엇이었나요? (174쪽)

정답

1. 씨받이 | 2. 어머니 | 3. 외눈썹 아저씨 | 4. 진주 | 5. 강재 | 6. 주막 | 7. 깡치 | 8. 스님 | 9. 처녀 | 10. 바다 | 11. 연꽃 | 12. 국밥

해석적 발문 : 다양하게 생각해 보아요

1. 윤덕이 태어난 후 병덕은 찬밥 신세가 되어 밖으로 나돌며 싸움질을 합니다. 그러면서 싸움에서는 이기지만 상처 입는 건 늘 자신이라고 이야기합니다. 병덕은 왜 그렇게 생각했을까요? (12쪽)

2. 병덕은 어미를 만났지만 상상해 왔던 모습과 너무 달라서 실망이 큽니다. 그런데 한편으로는 어미의 행동이 자신과 닮았다는 것에 놀랍니다. 여러분은 병덕과 어미의 어떤 점이 닮았다고 생각하나요? (49쪽)

3. 생모를 보고 실망한 병덕에게 강재는 그런 엄마라도 있는 것이 부럽다고 합니다. 그날 밤 병덕은 참 어이없고 뜬금없는 눈물을 쏟았습니다. 병덕의 눈물은 어떤 의미일까요? (52쪽)

4. 병덕은 자신을 알아보지 못하는 생모에게 서운함을 느꼈습니다. 게다가 어미에 대한 좋지 않은 소문으로 거부감만 들었지만 막상 갈 곳이 없자 다시 도화동 주막으로 갑니다. 병덕은 왜 다시 어미를 찾아갔을까요? (89~90쪽)

5. 어미가 심봉사의 수발을 들러 갔다는 할머니의 말에 병덕은 부리나케 심봉사 집을 찾아갑니다. 심봉사의 재산을 노리는 것이 아닌가 걱정이 되면서도 표정과 말투까지 살가워진 어미의 모습이 어쩐지 반갑습니다. 병덕은 왜 그런 어미의 모습이 반가웠을까요? (178~179쪽)

6. 병덕은 심봉사와 새로운 삶을 시작하려는 어미를 이해하며 아직은 자기가 아들이라고 밝힐 때가 아니라고 생각합니다. 또한 어미와 자신에게는 각자의 시간이 필요하다고 합니다. 어미와 병덕에게는 어떤 시간이 필요할까요? (196쪽)

선택적 발문 : 입장을 선택해 보아요

1. 병덕은 어미가 다리를 다쳤다는 소리를 듣고 한달음에 뛰어갑니다. 이런 병덕을 보면 어미가 마냥 싫은 것 같지는 않습니다. 그러면서도 자신이 아들이라고 밝히지 않는 병덕의 행동에 대해 여러분은 어떻게 생각하나요? (124~126쪽)

> "재수가 없으려니 늘 오가던 밭에서도 넘어지고, 아이고."
> 살펴보니 발이 꽤 부어 있었다. 나는 어미를 일으켜 세웠다. 어미는 발을 땅에 대지 못했다. 나는 무릎을 굽혔다.
> "업히세요."
> 나는 어미를 둘러업었다. 꽤 묵직했다.
> "조심 좀 하지 그랬어요?"
> (중략)
> "무겁지?"
> "아니에요, 괜찮아요."
> "내가 네 덕을 다 보네."
> 내가 말이 없자 어미가 불편한지 화젯거리를 찾았다.
> "너는 혼자니? 식구 없어?"
> "예, 아무도 없어요."

☐ 공감한다   ☐ 공감하지 않는다

이유 ....

2. 동생이 태어나자 병덕은 의붓어머니에게 구박을 받게 됩니다. 만약 그때 뺑덕어미로 불리는 생모가 가막동으로 찾아왔다면 병덕은 어떻게 했을까요? (165쪽)

☐ 생모를 따라가려 했을 것이다   ☐ 집에 남으려고 했을 것이다

이유 ....

사색적 발문 : 생각을 넓혀 보아요

1. 달집태우기를 할 때 청이는 소원을 쓰는 헝겊에 아버지의 눈을 뜨게 해달라고 썼습니다. 딱히 쓸 게 없었던 병덕도 심봉사의 눈을 뜨게 해달라고 썼지만 귀덕은 자신이 쓴 것을 보여주지 않았습니다. 귀덕이 어떤 소원을 썼을지 상상해 보세요. (137쪽)

2. 병덕은 주막을 떠나 다시 바다로 나가면서 자신의 이름이 강재가 아니라고 고백하고 어미에게 진줏값을 맡깁니다. 어미는 병덕이 자신의 아들이라는 사실을 눈치챘을까요, 아니면 여전히 눈치채지 못했을까요? 두 가지의 경우를 선택하여 그 후의 이야기를 상상해 보세요. (201쪽)

뺑덕어미는 병덕이 자신의 아들이라는 것을 알아챘다. 그래서

뺑덕어미는 병덕이 자신의 아들이라는 것을 여전히 눈치채지 못했다. 그래서

3. 시대에 따라 가치관이 변하고 오늘날 효의 의미도 다르게 해석됩니다.『뺑덕』에서 주모 할머니는 "제 몸 팔아 아비 눈 뜨라고 하는 것만 효도가 아니다."라고 말합니다. 작가는 고전 심청전의 효와 오늘날의 효의 의미를 다르게 보고 있는 것 같습니다. 여러분이 생각하는 효에 대해 이야기해 보세요.

4.『뺑덕』은 고전『심청전』을 재해석하여 뺑덕 어미와 뺑덕을 주인공으로 한 패러디 소설입니다. 여러분이 알고 있는 고전 중에 재해석하고 싶은 고전이 있다면 바꾸어 보세요.

바꾸고 싶은 고전: 예)흥부와 놀부

바꾼 제목:

바꾼 내용:

북돋움 활동 1

고백의 타이밍을 찾아라!

병덕은 꿈에도 그리던 어머니를 만났지만 차마 자기가 아들이라고 밝히지 못합니다. 게다가 그동안 바라왔던 어머니의 모습이 아니어서 실망스럽습니다. 만약 병덕이 좀 더 일찍 아들이라고 밝혔다면 이야기는 어떻게 전개되었을까요? 여러분이 가장 적절한 고백의 타이밍이라고 생각하는 시점을 골라 그 이유를 발표해 보세요.

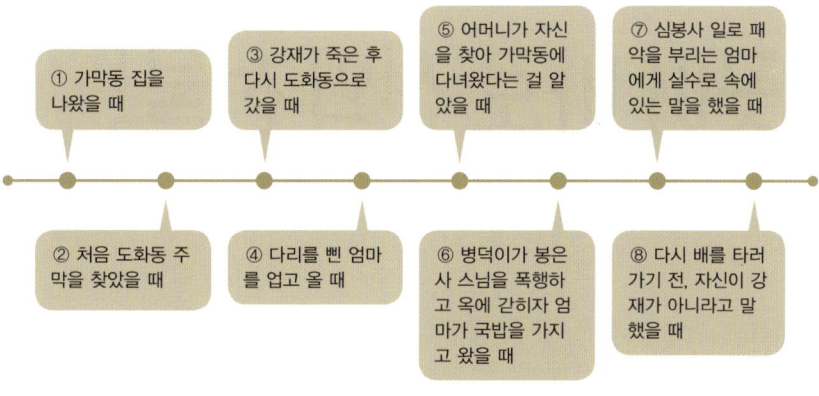

① 가막동 집을 나왔을 때
② 처음 도화동 주막을 찾았을 때
③ 강재가 죽은 후 다시 도화동으로 갔을 때
④ 다리를 삔 엄마를 업고 올 때
⑤ 어머니가 자신을 찾아 가막동에 다녀왔다는 걸 알았을 때
⑥ 병덕이가 봉은사 스님을 폭행하고 옥에 갇히자 엄마가 국밥을 가지고 왔을 때
⑦ 심봉사 일로 패악을 부리는 엄마에게 실수로 속에 있는 말을 했을 때
⑧ 다시 배를 타러 가기 전, 자신이 강재가 아니라고 말했을 때

내가 뽑은 고백의 적절한 타이밍:

이유:

#4
어울려 살아가는 테오도루, 그곳이 바로 신의 선물!

#그리스, #가족, #이민, #재회, #다문화, #책임감, #결핍, #소망, #파시스트, #낯섦음, #다양성, #의견의 일치, #관심, #진로, #사업

About the Book

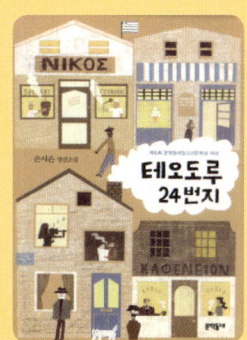

테오도루 24번지
손서은 지음, 문학동네, 2016

주인공 민수는 요나와 다른 친구들을 만나기 전까지 아빠가 자신을 버렸다는 원망을 쌓고 살았습니다. 콘스탄티노스, 레오니스, 요나, 민수까지 모두 버림받았다는 마음의 상처를 가지고 있지만 다투고 위로하며 친구가 되어가는 과정에서 서로의 아픔을 위로합니다.

사람에게 받은 상처는 결국 사람으로 치유할 수 있습니다. 그들이 사는 테오도루 24번지에서 '나'와 '너'는 '우리'가 되었습니다. 그리스를 배경으로 펼쳐지는 요란한 이웃들의 이야기를 통해 가족의 의미를 다시 생각하게 해주는 소설입니다.

함께 보면 좋아요
『망고공주와 기사 올리버』 김수경 지음, 사계절, 2009
『우리는 가족일까』 유니게 지음, 푸른책들, 2015
『그까짓 개』 윤해연 지음, 라임, 2017

낱말 퍼즐

정답

가로 | 1.홍가시 2.용왕지네 3.7촌 4.오로라 5.수문통을 6.그리그 7.人사人 8.고래 9.수릉치
10.장터진 11.예물 12.파란단장점 13.인의 실물 14.미그 바가지

세로 | ① 장답 ② 용을이 ③ 은한 ④파이씨리 ⑤ 문장상시 ⑥ 니그꾸 ⑦ 돌 ⑧ 장장찌개 ⑨ 원장왕이 ⑩ 종일
⑪ 응은 ⑫ 매체용 ⑬ 人 ⑭ 三 ⑮ 일기

【가로】

1. 소설, 이야기, 연극, 영화 등에서 핵심이 되는 개략적인 내용. ○○○ 요약

2. 실속 없이 말로만 그럴듯하게 꾸며내는 일.

3. 이 책은 레오니스와 민수 그리고 요나의 ○○ 이야기.

4. 그리스인들이 광장에서 쿠데타 세력을 몰아내고 시민 정부를 세우면서 ○○○○ 광장이라 이름 붙임. 우연의 일치라는 뜻.

5. 자신의 집을 찾아온 레오니스를 피해 콘스탄티노스가 민수네 집에 숨어 있는 상태. 외출하지 않고 집 안에만 틀어박혀 있음.

6. 책의 배경으로 유럽과 아시아를 이어주는 요충지이며 다양한 문화와 철학, 민주주의의 발상지. 아테네가 수도인 나라.

7. 노점상 단속을 피해 달아나던 민수를 구해준 디미트라가 시장에서 팔고 있던 물건.

8. 등장인물들이 가족에 대해 가진 서운한 감정이 서서히 해소되는 모습. '모르는 사이에 조금씩 조금씩'이라는 뜻의 우리말.

9. 그리스식 빵 피타에 여러 조각의 구운 고기와 소스를 곁들여 먹는 그리스의 대표 서민 음식.

10. 공원에서 이민자를 부정하는 무리에게 폭행당하던 민수가 그들의 발에 ○○○ 칼을 내리꽂고 달아남.

11. 민수의 대부는 그리스 경제가 나락으로 떨어지기 전에 값싼 음식 가게를 차려 크게 성공함. 물건을 팔아 생기는 수익.

12. 보육원에 맡겨졌다가 아빠와 재회한 뒤 그리스에 정착하는 등 ○○○○한 민수의 삶. 일이 진행되거나 인생을 살면서 기복과 변화가 몹시 심함을 뜻하는 사자성어.

13. 이 책의 제목인 '테오도루'의 뜻.

14. 세계사를 가르치는 교사이며 덩치 큰 여자 같은 남자 선생님을 아이들이 부르는 말.

【세로】

① 소설이나 이야기에서 마무리를 하는 부분. 발단-전개-위기-절정-○○

② 요나의 딸 이름. 요나는 민수에게 딸의 대부가 되어줄 것을 부탁함.

③ 가족을 갖고 싶었던 레오니스가 아버지의 가족을 만났을 때 느낀 감정. 모자람이 없이 마음에 흡족함.

④ 콘스탄티노스의 집에 아버지의 아들이라며 나타난 인물.

⑤ 콘스탄티노스와 민수의 ○○. 가정을 버리고 집을 나가는 행동.

⑥ 한국전 참전 용사로 한국 정부의 초대를 받아 서울에 왔다가 민수 아빠에게 아테네에서 한국 식당을 열자고 제안한 인물.

⑦ 민수 아빠가 일하는 가게는 장사가 매우 잘됨. 문앞에 시장을 이룬다는 뜻으로 찾아오는 사람이 많음을 나타내는 사자성어.

⑧ 집을 나간 민수를 위해 아빠가 만든 음식 중의 하나. 우리나라 대표적인 찌개.

⑨ 민수 아빠가 콘스탄티노스에게 ○○스러운 마음을 다잡으라고 자신이 일하는 가게에서 일할 것을 권유함. 일이나 정신이 갈피를 잡을 수 없이 뒤섞여 어지러움.

⑩ 연극, 영화, 소설 등에서 어떤 인물이 나타남.

⑪ 요나와 민수의 ○○○은 함께 팔았던 짝퉁가방. 어떤 일이나 작용을 양쪽의 중간에서 맺어 주는 물건.

⑫ 가출한 민수는 이 사람들에게 폭행을 당함. 평등을 부정하고 이민자들을 적대시하는 무리.

⑬ 세계사 선생님은 수업 중 민수에게 한국이 둘로 갈려 ○○의 일치를 이루지 못하는 이유에 대해 물어봄. 어떤 사물 현상에 대하여 자기 마음에서 판단하여 가지는 생각.

되새김 발문 : 내용을 되새겨 보아요

1. 다음 등장인물들과 설명을 연결해 보세요.

① 콘스탄티노스 •

② 레오니스 •

③ 디미트라 •

④ 요나 •

⑤ 니코스 •

• ⓐ 죽은 아버지의 가족을 찾아와서 함께 살기를 원하는 아이. 안면근육 장애가 있음.

• ⓑ 아버지를 닮은 다른 아들이 나타나자 화가 나서 가출함. 주인공의 집과 거리를 떠돌다 수블라키 가게에서 일함.

• ⓒ 줄리아의 아빠. 혼자서 딸을 키우기 위해 노력함. 매사에 긍정적인 인물.

• ⓓ 그리스 요식업계의 거물이며 주인공 가족을 그리스로 오게 한 장본인.

• ⓔ 바소 부인의 큰딸. 시장에서 노점상 단속을 피해 달아나던 주인공을 숨겨줌.

2. 『테오도루 24번지』의 배경이 되는 나라는 유럽 남동부에 위치하고 북쪽으로는 불가리아, 동쪽으로는 터키와 인접해 있습니다. 유럽과 아시아를 이어주는 요충지이며 다양한 문화와 철학, 민주주의의 발상지입니다. 아테네가 수도인 이 나라는 어디인가요?

3. 그리스의 대표적인 서민 음식입니다. 그리스식 빵 피타에 여러 조각의 구운 고기, 소스를 곁들여 먹는 이 음식의 이름은 무엇인가요? (27쪽)

4. 그리스는 경제가 위축되어 거리에는 부랑자가 떠돌고 서민들의 생활이 힘겹습니다. 스칸디나비아를 여행했다는 고등학생 형은 그리스가 '디폴트' 된다고 이야기했습니다. 디폴트의 뜻은 무엇인가요? (69쪽)

5. 그리스어로 '○○ ○○○'는 겨울을 잘 지내라는 뜻입니다. 주로 긴 여름 휴가가 끝나는 9월 중순경이면 서로 주고받는 이 인사말은 무엇일까요? (97쪽)

6. 민수의 담임 선생님은 굽 있는 구두를 신고 머리를 기른 탓에 멀리서 보면 덩치 큰 여자 같아 보입니다. '미스 바부시스'라는 별명으로 불리는 이 선생님이 가르치는 과목은 무엇인가요? (99쪽)

7. 그리스인들은 쿠데타 세력을 몰아내고 시민의 정부를 세우게 된 광장을 '오모니아 광장'이라고 이름 붙였습니다. '오모니아'는 ○○의 일치라는 뜻입니다. ○○에 들어갈 알맞은 말은 무엇인가요? (104쪽)

8. 국간장과 된장 냄새를 싫어하는 이웃 때문에 민수와 아빠는 집에서 한국 음식을 자주 먹지 못합니다. 초등학교 때는 마늘 냄새 때문에 축구부에서 퇴출당하는 일도 있었습니다. 그래서 민수 아빠가 한국 음식 대신으로 먹게 된 음식은 무엇인가요? (143쪽)

9. 산타그마 광장에서 요나를 만났을 때 줄리아가 보이지 않자 민수는 요나를 다그칩니다. 그때 요나는 줄리아를 어디에 넣고 다녔나요? (157쪽)

10. 민수와 레오니스는 서로의 과거에 대한 푸념을 늘어놓습니다. 민수는 ○○이 꼭 평안하고 단단한 것은 아니라고 하지만 레오니스는 ○○을 간절히 갖고 싶어 합니다. ○○에 들어갈 말은 무엇인가요? (185쪽)

> **정답**
>
> 1. ①-ⓑ, ②-ⓐ, ③-ⓔ, ④-ⓒ, ⑤-ⓓ | 2. 그리스 | 3. 수블라키 | 4. 국가 부도 | 5. 갈로 히모나 | 6. 세계사 | 7. 의견 | 8. 파스타 | 9. 가방 | 10. 가족

해석적 발문 : 다양하게 생각해 보아요

1. 엄마가 떠나자 아빠는 민수를 잠시 보육원에 맡깁니다. 다시 민수를 데려와 그리스에서 함께 살게 되었지만 아빠와 민수는 그때의 일을 이야기하지 않습니다. 민수와 아빠는 왜 떨어져 살던 때의 일을 꺼내지 않으려고 할까요? (24쪽)

2. 레오니스가 찾아오자 바소 아주머니는 외면하지 않고 따뜻하게 맞아줍니다. 누나들도 레오니스에게 호감을 보이지만 콘스탄티노스는 못마땅하게 여깁니다. 레오니스를 대하는 가족들의 반응이 각각 다른 이유는 무엇일까요? (64쪽)

3. 민수와 아빠는 그리스에서 한국인들이 모여 사는 동네가 아닌 빈민과 불법체류자가 많은 테오도루에 살고 있습니다. 아빠는 왜 한국인이 많은 동네보다 테오도루가 더 좋다고 했을까요? (68쪽)

4. 니코스 아저씨는 민수네 가족을 그리스로 오게 한 사람입니다. 민수와 아빠에게 니코스 아저씨는 어떤 사람일까요?

> 나는 한 번도 니코스 아저씨를 좋아했던 적이 없다.
> 우리처럼 사회적 위치가 어정쩡한 외국인이 그리스에서 장기체류나 노동 허가를 받는 것은 상당히 까다로운 일이어서, 니코스 아저씨같이 겉으로 보기에 멀쩡한 그리스인의 서명 하나는 무척 중요했다. 덕분에 나는 내 의사와는 상관없이 그리스정교회에서 세례를 받았다. 니코스 아저씨가 대부가 되기를 원했기 때문이었다. (117쪽)
> (중략)
> 차키스 할아버지가 못마땅하다는 눈초리로 말했다. 아빠는 의리의 사나이였으므로 누가 사장님 흉을 봐도 절대 거들지 않았다. 그냥 웃을 뿐이었다. 바로 저런 점이 니코스 아저씨가 아빠를 신뢰하는 이유였다. (121쪽)

5. 요나는 자신이 줄리아를 키울 거라고 하지만 민수는 요나의 말을 늘 의심합니다. 그래서 요나를 만날 때마다 줄리아의 행방에 대해 따져 묻습니다. 민수가 유달리 줄리아의 행방에 예민한 이유는 무엇이라고 생각하나요? (34쪽, 133~134쪽)

6. 파시스트에게 폭행당해 레오니스의 응급 처치와 의사의 치료를 받고 병원을 나온 민수는 불쑥 바닷가에 가자고 합니다. 민수는 왜 레오니스와 함께 바닷가에 가고 싶었을까요? (181~182쪽)

2장 사랑의 또 다른 이름, 가족

선택적 발문 : 입장을 선택해 보아요

1. 레오니스는 자신의 아버지가 그리스 사람이라는 것을 알고 아버지의 가족이 살고 있는 집을 찾아갔습니다. 그러나 레오니스로 인해 콘스탄티노스 가족에게 혼란이 일어나고 급기야 콘스탄티노스는 집을 나갑니다. 여러분은 아버지가 죽었다는 소식을 듣고도 콘스탄티노스의 집을 찾아간 레오니스에 대해 어떻게 생각하나요? (63~64쪽)

☐ 공감한다   ☐ 공감하지 않는다

이유 _____

2. 민수는 엄마가 고등학생 때 자기를 낳고 버렸다는 이야기를 합니다. 그 이야기를 들은 마르타는 그때 민수 엄마의 나이가 자기 여동생의 나이와 같다며 아기를 버렸다 해도 용서받아 마땅하다고 합니다. 여러분은 마르타의 말에 대해 어떻게 생각하나요? (78쪽)

☐ 공감한다   ☐ 공감하지 않는다

이유 _____

3. 디미트라는 오모니아 시장에서 니캅을 쓰고 아랍인 행세를 하며 스카프를 팔고 있습니다. 대학에 꼭 가야 한다는 엄마와는 달리 디미트라는 아랍 상인들의 사업 요령을 배워 돈을 벌겠다고 합니다. 여러분은 누구의 생각에 더 공감하나요? (139쪽)

☐ 디미트라   ☐ 엄마

이유 _____

사색적 발문 : 생각을 넓혀 보아요

1. 뚱뚱한 콘스탄티노스는 자신이 요식업계에서 일을 하면 사람들에게 자신처럼 뚱뚱해질 것이라는 선입견을 주기 때문에 일하지 않겠다고 합니다. 콘스탄티노스의 재능과 특기를 생각해 보고 그에게 어울릴 만한 직업을 추천해 주세요. (126쪽)

재능과 특기	어울릴 만한 직업

2. 그리스인들은 한겨울에도 햇빛이 쨍한 날에 바다에서 수영을 즐긴다고 합니다. 이처럼 그리스는 우리와는 다른 문화를 가지고 있습니다. 『테오도루 24번지』를 읽기 전에 여러분이 생각한 그리스와 책을 읽고 난 후의 그리스를 비교하여 보세요. (184~185쪽)

읽기 전, 그리스에 대한 생각	읽은 후, 그리스에 대한 생각

3. 가족으로부터 버림받은 경험이 트라우마로 남은 민수와 가족의 테두리 안에 들어가고 싶어 하는 레오니스는 가족의 사랑이 절실하게 필요합니다. 다음 글을 읽고 민수와 레오니스에게 보내는 응원 메시지를 작성해 보세요. (186쪽)

> "난 아니야! 나중에 상처받고 쫓겨나더라도 할 수 있는 데까지 해 볼 거야. 정말 두려운 건 아무한테서도 사랑받지 못하는 거니까."
> "사랑 좋아하시네. 누가 우리 같은 걸 사랑하겠어?"
> "왜, 우리가 어때서? 우리가 버려진 게 우리 탓이야?"
> 레오니스가 눈물을 주르륵 흘렸다. 순진한 녀석. 보육원에서만 살아온 놈이 뭘 알겠어. 가족을 한 번도 가져 본 적 없는 녀석이 그게 얼마나 치사한 건지 어떻게 알겠어. 가족이 가족을 버리고 배신할 수 있다는 거. 그것도 한 번도 아니고 두 번씩이나. 하지만 레오니스, 내게 더 끔찍한 건 말이야, 그다음이야. 세 번째 버려지는 순간. 아직은 오지 않은 그 순간을 기다리는 것. 그것만큼 미치는 것도 없어.

민수	
레오니스	

4. 콘스탄티노스와 레오니스는 서로에게서 죽은 아버지의 모습을 찾으려고 합니다. 외모, 습관, 가치관 등 여러분에게 자신이 가족의 구성원임을 느끼게 하는 것은 무엇인가요? (191~192쪽)

북돋움 활동 1

가훈 만들기

『테오도루 24번지』에는 다양한 가족 구성원으로 이루어진 여러 형태의 가족이 나옵니다. 각 가정의 특징과 강점을 살려서 가훈을 만들어봅시다.

요나	가족 구성원	
	특징 및 강점	
	가훈	
민수	가족 구성원	
	특징 및 강점	
	가훈	
바소 부인	가족 구성원	
	특징 및 강점	
	가훈	

Tip! 독서토론에 적합한 책 고르기

책 읽기는 별로 좋아하지 않지만 독서토론은 재미있다고 하는 사람이 있습니다. 그런 사람들이 책과의 만남을 즐겁게 기억하길 바라며 신중하게 책을 고릅니다. 무수히 많은 책들 중에서 독서토론에 적합한 책은 어떤 것일까요?

토론에 참여하는 사람을 먼저 생각하기

이솝 우화 중에 『두루미와 여우』 이야기를 아시죠? 입 모양이 다른 두 동물이 자신이 먹기 편한 그릇에 음식을 내놓아 결국 상대방이 만든 음식은 먹지 못하는 이야기로 배려의 중요성을 전해주고 있지요. 독서토론도 마찬가지입니다. 토론에 참여하는 사람을 고려하여 그에 맞는 책을 선택하는 것이 좋습니다. 교육 수준이 높아진다고 해서 분량이 많은 책만 읽도록 할 필요는 없습니다. 그림책도 훌륭한 토론용 도서가 될 수 있습니다. 독서토론에 참여하는 사람들이 함께 흥미를 가질 만한 책, 공감하고 소통할 수 있는 이야기가 들어있는 책인가 하는 것이 가장 중요합니다.

분량은 300쪽을 넘지 않는 것으로

토론용 도서는 모임의 주기를 고려하여 분량이 지나치게 많거나 적지 않은 책을 선택하는 것이 좋습니다. 분량이 적으면 금방 읽을 수 있다는 장점이 있지만 읽고 나서 나눌 이야기가 부족할 수 있습니다. 반대로 분량이 많으면 완독에 부담을 느끼거나 줄거리 파악에 급급한 나머지 수박 겉 핥기 식의 토론으로 이어질 수가 있습니다. 독서에 부담을 느낀다면 산을 오르기도 전에 돌아서버리는 것과 같습니다. 독서토론 일정이 2주에 한 번일 때, 300쪽 내외의 단행본을 선정하면 중·고등학생, 학부모가 읽기에 무리가 없을 겁니다.

구하기 쉬운 책을 선정할 것

학부모 독서모임에서 한창 베스트셀러인 책을 토론 주제도서로 선정한 적이 있었습니다. 격주로 진행되는 독서모임이라 책 구하는 기간을 일주일 정도 넉넉하게 잡아둡니다. 그런데 학교도서관, 공공도서관 할 것 없이 예약자가 줄을 서서 대출할 수가 없는 거예요. 결국 열 명 중에 여덟 명이 책을 사서 읽어야 했습니다. 물론 그때그때 선정된 책을 모두 사는 사람도 있지만 그렇지 않은 사람도 있다는 것을 염두에 두어야 합니다. 멀리 있는 사촌보다 학교에서 자주 만나는 친구와 더 할 말이 많은 것처럼 일단 가까이에서 구하기 쉬운 책을 추천합니다.

시의성이 있으면 더욱 좋다

독서토론은 책을 매개로 이루어진 만남이지만 꼭 책 얘기만 하는 것은 아닙니다. 책을 통해 떠오르는 경험과 생각들을 소통하고 공감하는 자리이기도 하므로 시의성 있는 책으로 토론할 때 더욱 많은 이야깃거리가 쏟아져 나옵니다. 연일 대통령 탄핵 기사와 뉴스가 보도되고 있을 무렵, '단편소설로 세상 읽기'라는 주제로 여름방학 독서교실 프로그램을 진행했습니다. 시대적 배경이 드러나는 단편소설을 읽고 토론하면 역사에도 관심을 갖게 될 것으로 기대했는데 『우상의 눈물』을 토론할 때 기대 이상의 반응에 놀랐습니다. 1980년대 작품이지만 2017년 정치 상황과도 일맥상통하는 부분이 있다 보니 끊임없이 토론이 이어지는 가운데 권력에 대한 비판의식과 정치의식을 일깨우는 기회가 되었습니다.

읽은 책, 읽지 않은 책, 읽고 싶은 책 중에서 고르라면

독서토론을 마치고 다음 책을 선정할 때 "○○○ 책이 재미있다더라, 다음에 해볼까?" 하고 제안할 때가 있습니다. 토론 참여자 중 한 명이라도 그 책을 먼저 읽은 사람이 있다면 토론도서 선정에 실패할 확률이 줄어듭니다. 그러나 아무도 읽지 않은 책이어도 괜찮습니다. 미지의 세계로 모험을 떠나는 독자가 되어보거나 내 관심 분야 밖으로 독서를 확장해 보는 계기가 될 수도 있으니까요. 평소에 읽고 싶었던 책을 선정하는 것도 좋습니다. 독서토론을 통해 기대하는 것이 크다 해도 읽고 싶은 책을 읽는 즐거움에 견줄 수는 없습니다. 그리고 예전에 재미없게 읽었던 책이라도 독서토론을 위해 다시 읽으면 다른 책이 됩니다. 책에 대한 관심이 새롭게 생기는 것이지요.

도서관과 친해질 것

아르헨티나 작가 호르헤 루이스 보르헤스(1899~1986)는 "어딘가에 천국이 있다면 도서관 같은 곳일 것"이라는 말을 했다고 합니다. 듣고 보니 그렇게 생각되시나요? 토론 주제도서가 선정되면 공공도서관의 소장 여부를 검색해 봅니다. 집 근처의 도서관에서 소장하고 있지 않거나 이미 대출 중이라면 천국의 서비스를 제공받을 기회입니다. 상호대차라는 편리한 서비스를 통해 멀리 떨어져 있는 도서관의 책을 1~2일 내에 원하는 도서관에서 빌려볼 수 있습니다. 그리고 인터넷에서 독서교육종합지원시스템을 검색하면 각 교육청에 소속된 학교의 소장자료를 검색할 수 있으므로 자녀가 있다면 학교도서관 대출도 가능합니다. 게다가 지역주민에게도 대출을 허용하는 학교도서관이 있으므로 도서관과 친하게 지낼 만한 여건이 점점 갖추어지고 있는 셈입니다.

어떤 책에도 편견을 갖지 말 것

가독성이 좋은 것, 주제가 분명하게 드러나는 것, 공신력 있는 기관의 추천도서를 주제도서로 선정하면 무난합니다. 그런데 학교 현장에서 학생들과 책 이야기를 나누다 보면 학생들이 책을 고르는 기준은 어른들이 생각하는 기준과 다를 때가 많습니다. 『심야식당』이라는 만화책을 읽고 있는 학생을 본 교사분이 야한 책 아니냐고 걱정 섞인 말씀을 하셨던 적이 있습니다. 그래서 나중에 몇몇 아이들과 심야식당의 줄거리와 그에 대한 느낌을 나누어 보았습니다. 아이들은 아무렇지도 않게 우리 수준에서 검열이 가능한 책이라고 하더군요. 어떤 책을 읽어라, 읽지 마라는 누구도 단정해서 말할 수 없는 것이라고 생각합니다. 그렇다고 대상자를 전혀 고려하지 않고 무작위로 책을 선정하라는 것은 아닙니다. 다만 '아, 이 책은 좀 아닌 것 같은데'라고 예상한 책도 실제로 부딪혀 봐야 정확하게 알 수 있다는 것입니다. 나에게는 '인생 책'이라고 할 만한 것이 다른 사람에게는 대수롭지 않은 책 한 권일 수도 있습니다. 반면에 별로라고 생각했던 책이 토론을 통해 비로소 빛나는 보석이 되는 일도 있습니다.

3장
서로를 지켜주는 우정

#5
꿈을 키우는 청소년들, 모두 깜언!

#함께, #꿈, #감사, #진로, #숲해설가, #다문화, #결핍, #우정, #FTA, #응원, #관광농업, #강화도, #이농현상, #국제결혼, #베트남

About the Book

모두 깜언
김중미 지음, 창비, 2015

자연을 사랑하고 동물의 생명도 소중히 여기는 마음 예쁜 유정이와 우직하고 든든한 광수 그리고 엄친아 우주와 생기발랄 여중생 지희. 살문리 사총사의 이야기를 통해 청소년들의 우정과 사랑, 진로에 대한 고민을 엿볼 수 있습니다. 농촌의 현실과 다문화 이야기 그리고 FTA와 구제역까지 묵직한 주제를 다루고 있지만 시종일관 유쾌하고 따뜻한 이야기로 그려집니다.
'깜언'은 베트남어로 '고맙다'라는 뜻이라고 합니다. "꿍어, 꿍언, 꿍덤"의 의미를 새기면서 "깜언"이라는 인사를 함께 나눌 수 있기를 바랍니다.

함께 보면 좋아요
『너 지금 어디 가?』 김한수 지음, 창비, 2013
『저스트 어 모멘트』 이경화 지음, 탐, 2011

낱말 퍼즐

가로 | 1.FTA협정 2.공정경영 3.안다미 4.수의사 5.개방 6.속국 7.5루 8.대체에너지 9.기독교운 동 10.과학기 11.다문화 12.교체일몰 13.도토리키재기

세로 | ①장자나무 ②오성홍 ③장관급 ④주둔지 ⑤양수 ⑥해사수의사 ⑦시나지 ⑧물대기 ⑨대문 ⑩고명지 ⑪강동한 ⑫해달지

정답

【가로】

1. 우리나라 농축산업의 미래를 걱정하는 이유는 불리하게 맺은 이 협정 때문에 불이익이 발생할 것으로 보기 때문.

2. 착한 일을 권하고 악한 일을 징계한다는 뜻의 사자성어.

3. 짐승의 한 태에서 나온 새끼 여러 마리 중 몸이 허약하고 비실거리는 새끼를 표현하는 말. 유정은 복동이가 낳은 새끼 중 이것의 이름을 '꼬맹이'라고 붙여 줌.

4. 유정은 차에 치인 고양이의 수술비 대신 이 사람에게 학생증을 맡기고 수술을 부탁함.

5. 할머니는 작은엄마가 한국 생활에 정착하기 위해 이것을 하기를 원함. 원래 쓰던 이름을 고침.

6. 작은아버지의 아내를 부르는 말. 유정이 용민의 엄마를 부르는 호칭.

7. 소설 속 등장인물 이름. 무한한 시간과 만물을 포함하고 있는 끝없는 공간의 총체.

8. 우주가 환경공학을 공부하여 개발하고 싶어 하는 분야. 석유, 석탄과 같은 화석 에너지를 대체할 자원을 이르는 말.

9. 기술을 발휘해 일을 하고 대상을 다루는 노동력을 제공한 대가로 임금을 받아 생활하는 사람.

10. 우주가 합격한 고등학교.

11. 다른 인종, 민족, 계급 등 여러 집단이 지닌 문화가 함께 존재하는 상태.

12. 국적이 다른 남녀가 결혼하는 일. 유정의 작은아빠와 작은엄마도 이러한 결혼을 함.

13. 유정의 할머니가 산에서 주운 열매를 가루로 빻아서 판매하는 것. 묵을 쑤거나 전으로 부쳐서 먹기도 함.

【세로】

① 주로 마을 어귀에 자리 잡고 자란 큰 나무이며, 마을 사람들에게 쉼터가 되어주는 나무를 말함.

② 중국 국적의 우리 동포를 지칭하는 말.

③ 유정이 살고 있는 마을 이름.

④ 우리나라 농민의 70퍼센트가 종사하고 있는 농업 형태. 주로 쌀을 재배하는 농업.

⑤ 유정이네 포도 가판대에서 수완 좋게 판매를 도운 유정의 친구. 유정을 좋아함.

⑥ 유정은 구제역으로 살처분되는 소를 본 이후 고기를 먹지 않게 됨. 종교적, 금욕적, 영양학적 이유로 채소, 과일, 곡물, 견과류만을 먹는 사람을 이르는 말.

⑦ 두 가지 이상의 수단을 결합시켜 각 수단의 합계보다 더 큰 효과를 얻는 것을 이르는 말.

⑧ 못자리의 모를 논에 옮겨 심는 일. 대부분의 벼농사에서 이 방법으로 재배함.

⑨ 유정이 다니는 학교의 선생님들은 모두 여기에 진학해야 사람 구실을 할 수 있다고 말함. 고등학교를 졸업하고 학업을 더 하기 위해 진학하는 학교.

⑩ 미국이 베트남 전쟁 때 풀을 없애기 위해 뿌린 약으로 베트남 생태계가 파괴되고 참전 군인은 물론 베트남 국민들에게까지 큰 피해를 준 제초제의 이름.

⑪ 『모두 깜언』의 지리적 배경이 되는 곳으로 우리나라에서 네 번째로 큰 섬. 경기도 김포시와 접해 있으며, 한강 하구에 위치함.

⑫ 유정의 장래희망은 꽃, 나무, 새 그리고 숲을 설명하고 안내하는 숲 ○○○.

되새김 발문 : 내용을 되새겨 보아요

1. 살문리 사총사를 알맞은 설명과 연결해보세요.

① 유정 •   • ⓐ 성공회 신부님인 아버지와 교사인 어머니의 기대를 한 몸에 받으며 과학고에 진학함.

② 우주 •   • ⓑ 헤어진 어머니와 여름방학 동안 함께 지내며 아르바이트를 함. 넉살이 좋고 장사 수완이 좋음.

③ 광수 •   • ⓒ 유정의 절친이며, 미용에 관심이 있는 명랑 쾌활한 아이.

④ 지희 •   • ⓓ 선천적인 구순구개열의 흔적을 가진 인물로 자연과 가족에게 애정이 많음.

2. 유정이네 개 복동이는 새끼를 아홉 마리 낳았습니다. 그중에서 무녀리로 태어난 한 마리에게 유정이가 붙여준 이름은 무엇인가요? (75쪽)

3. 지희는 미용고등학교에 진학하라는 아빠의 말에 속상해합니다. 그러다가 유정이와 얘기하던 중에 새로운 목표가 생겼다고 말을 바꿉니다. 지희가 미용고등학교에 진학해서 되고 싶다고 한 직업은 무엇인가요? (113쪽)

4. 유정의 작은엄마는 유정에게 베트남 사람들이 중요하게 생각하는 것을 알려줍니다. 다음의 말에 공통적으로 들어가는 말은 무엇인가요? (194쪽)

> 꿍어 = ○○ 살고, 꿍언 = ○○ 먹고, 꿍덤 = ○○ 일하는 것

5. 친구들이 엄마에 대해 놀려서 속이 상한 용민은 스쿨버스를 타지 않았습니다. 엄마가 베트남 사람인 것을 얕잡아 아이들이 용민을 놀린 말은 무엇이었나요? (205쪽)

6. 광수는 엄마를 찾아가 방학 동안 함께 지내며 아르바이트를 합니다. 방학을 마치고 살문리로 돌아온 광수가 유정에게 선물한 것은 무엇인가요? (225쪽)

7. 작은아빠의 생일에 모인 마을 어른들은 농사짓기, 논농사, 축산 등의 농축산업에는 미래가 없다고 말합니다. 다른 나라와 불리하게 맺은 이 협정에 때문에 불이익이 발생할 것으로 보았기 때문입니다. 이 협정은 무엇인가요? (247쪽)

8. 이장님의 아들이 돈이 되는 농업이나 ○○○○ 을 해야 한다고 주장하면서 농사 대신 권한 사업은 무엇인가요? (251쪽)

9. 가을은 우주가 제일 좋아하는 계절이지만 유정은 가장 쓸쓸하고 허전하다고 느낍니다. 유정의 마음을 달래주는 가을꽃은 무엇인가요? (256쪽)

10. 소를 돌보고 흙 만지는 것이 좋으며 아빠에게 소를 사드리고 싶다는 광수는 경기도에 있는 농업고등학교에 진학하기로 했습니다. 농업고등학교에서 광수가 가게 된 과는 무엇인가요? (273~274쪽)

정답

1. ①-ⓓ, ②-ⓐ, ③-ⓑ, ④-ⓒ | 2. 꼬맹이 | 3. 연예인 코디 | 4. 함께 | 5. 다문화 | 6. 비비크림
7. FTA | 8. 관광농업 | 9. 들국화 | 10. 자영 축산과

해석적 발문 : 다양하게 생각해 보아요

1. 광수가 놀리거나 동네 사람들이 부모가 없다고 숙덕거려도 울지 않던 유정이 꼬맹이의 죽음에는 통곡을 합니다. 꼬맹이가 죽었을 때 유정은 왜 그렇게 서럽게 울었을까요? (80쪽)

2. 하굣길에 유정은 학교 버스에 치인 아기 고양이를 구조합니다. 고양이의 다리를 절단해야 한다는 수의사의 말에 선뜻 자신이 수술비를 내겠다고 합니다. 유정은 왜 고양이의 수술비를 부담하고 싶어 했을까요? (141~142쪽)

3. 엄마가 베트남 사람이라고 놀림을 받아 속이 상한 용민에게 유정은 엄마는 2개 국어를 하는 멋진 사람이라고 다독입니다. 유정과 용민의 대화를 읽고 여러분이 생각하는 다문화 가정의 장점을 이야기해 보세요. (206~207쪽)

> "베트남은 가난하고 더러운 나라래. 거기 말 이상해. 엄마랑 외할머니랑 통화하는 거 들으면 이상해."
> "다른 나라 말은 다 이상한 거야. 너, 영어는 이상하지 않아?"
> (중략)
> "그래도 영어는 미국 말이고, 베트남 말은 가난한 나라 말이잖아."
> "용민아, 그렇게 말하는 애들이 진짜 무식한 거야. 나도 못 가 봤지만 베트남도 우리나라랑 똑같대. 우리나라도 도시에는 높은 빌딩이 있고 화려하지만 우리 마을만 해도 별로 그렇지 않잖아. 우리 담임 선생님이 그러는데 용민이 엄마 아빠가 결혼한 호치민은 굉장히 예쁘고 역사도 오래되고 유명한 도시래. 우리 선생님은 대학교 다닐 때 한 달이나 배낭여행 했는데 엄청 좋았대. 그래서 누나도 대학생 되면 꼭 베트남으로 배낭여행 갈 거야. 그리고 베트남은 우리나라랑 무역 같은 것도 되게 많이 한대. 누나 생각에는 용민이가 베트남 말 배우면 좋겠는데?"

다문화 가정의 장점

예) 다양한 언어를 배울 수 있다.

1. ....

2. ....

4. 유정을 좋아하는 광수는 넉살 좋게 유정이네 포도를 팔아주기도 합니다. 광수의 행동 중에서 광수의 장점이 가장 잘 드러나는 책 속의 장면을 이야기해 보세요. (230~231쪽)

5. 살문리 사총사는 모두 크고 작은 결핍을 가지고 있습니다. 이들에게 어떤 결핍이 있고 어떻게 치유하고 있는지 이야기해 봅시다.

등장인물	결 핍	치 유
유정		
광수		
지희		
우주		

3장 서로를 지켜주는 우정

선택적 발문 : 입장을 선택해 보아요

1. 담임 선생님은 무조건 대학에 가기보다 농사일을 가업으로 잇거나 기술을 배워 노동자가 되는 것도 좋겠다고 합니다. 그러나 아이들은 부모님이 농사짓지 말라고 했다며 농부나 노동자가 되면 인생에서 실패하는 것처럼 싫어합니다. 여러분은 담임 선생님과 아이들 중 어느 쪽의 말에 더 공감하나요? (88~89쪽)

☐ 담임 선생님 ☐ 아이들

이유 _____

2. 유정의 할머니는 용민이 아이들에게 놀림 받는 것을 이유로 들며 작은엄마가 개명하면 좋겠다고 합니다. 그러나 작은아빠는 베트남 사람이 베트남 이름을 쓰는 건 당연하다고 작은엄마를 배려합니다. 여러분은 작은엄마의 개명에 대해 어떻게 생각하나요? (131~132쪽)

☐ 찬성한다 ☐ 반대한다

이유 _____

3. 작은엄마의 동생 로앤이 가정 폭력으로 사정이 어려워지자 작은아빠는 빚을 내서라도 로앤을 도와주고 싶어 합니다. 그러나 할머니는 빚을 내서 도와주는 것에 반대합니다. 여러분은 작은아빠와 할머니 중 어떤 사람의 의견을 들어주고 싶나요? (176~177쪽)

☐ 작은 아빠 ☐ 할머니

이유 _____

사색적 발문 : 생각을 넓혀 보아요

1. 포도 농사가 잘된 반면 배추와 무 농사가 기대에 못 미치자 작은아빠는 푸념을 합니다. 그러자 할머니는 하나가 잘 안 되면 다른 하나가 좋다고 위로합니다. 할머니의 말처럼 여러분도 좋지 않은 일이 있었지만 다른 좋은 일로 위로를 받은 적이 있었나요? (238쪽)

2. 우주의 아버지는 성공회 사제이고, 엄마는 교사입니다. 부모님 직업 때문에 주위에서는 우주를 착하고 예의 바른 아이라고 생각합니다. 우주는 그런 주위의 시선이 불편하고 힘들었습니다. 여러분도 우주처럼 자신을 바라보는 타인의 시선이 불편했던 적이 있었나요? (265쪽)

3. 깜언은 베트남어로 '고맙다'라는 의미를 가진 인사입니다. 여러분은 '모두 깜언'이 누가 누구에게 하는 인사라고 생각하나요? (329~330쪽)

　　　　　 이 　　　　　 에게 하는 인사라고 생각한다.

왜냐하면, _____
_____

북돋움 활동 1

강화도 특산품 홍보 포스터 만들기

강화도는 우리나라에서 네 번째로 큰 섬으로 경기만 북쪽의 한강 하구에 위치합니다. 같은 위도의 내륙지방보다는 따뜻하여 난대성 식물과 작물이 잘 자랍니다. 『모두 깜언』 속에 등장하는 강화도 농산물이나 특산품을 알아보고 아래의 예시를 참고해 홍보 포스터를 만들어 봅시다.

강화도 대표 농·특산물	섬쌀, 순무, 약쑥, 인삼, 버섯, 고추, 배, 포도, 속노랑 고구마, 흑미, 꿀, 한과, 새우젓, 연잎차, 화문석 등

강화도 특산품 홍보 포스터 만들기

북돋움 활동 2

『모두 깜언』에 등장하는 소품 홈쇼핑

『모두 깜언』에 나오는 농산물이나 등장인물들의 소품을 홈쇼핑에서 판매하는 형식으로 소개해 봅시다.

홈쇼핑에서 판매할 상품 목록

예: 유정이가 우주에게 준 산밤
    유정이네 포도
    유정 할머니가 만든 도토리 가루
    광수가 유정에게 준 비비크림
    우주가 유정에게 준 슈퍼맨 모양의 USB
    유정이가 좋아하는 들국화
    유정이네 밭의 배추와 무
    유정이가 가이드 하는 숲 해설 프로그램 참가권
    유정의 작은 엄마가 지도하는 베트남어 교실 수강권

홈쇼핑 발표 방법

여는 말	· 소비자와 공감대를 형성하기 · 상품에 대한 호기심을 자극하기 · 상품 구입의 필요성을 강조하기
상품 소개	· 상품 이름, 상품 사진(그림) 정하기 · 상품의 장점, 용도 등 정보 제공하기 · 거짓, 과장된 정보 제공에 주의! · 책 속 내용을 바탕으로 의미를 담아 재해석하기
주문 권유	· 구매하지 않으면 안 될 절실함을 유도하라 · 구매욕구 상승의 마지막 기회를 노려라 · 판매를 위한 거짓말은 NO!

'모두 깜언' 홈쇼핑 Ch. (모둠명)

쇼 호스트(모둠 명단) :

판매할 물건 (그림/사진)		
상품 정보	상품 이름	
	장점	
	용도	
	가격	
주문 권유		

#6
삶은 함께 위로하며 가는 여행

#나눔, #사회복지학과, #관심, #위로, #인생, #새터민, #노숙자, #정착, #재활용, #입시, #소외, #이민, #뮤지컬 배우, #죽음, #유기견

About the Book

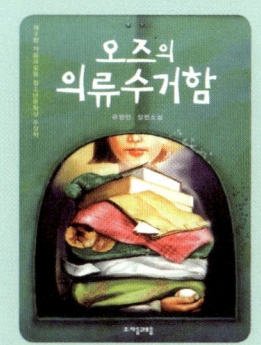

오즈의 의류수거함
유영민 지음, 자음과모음, 2014

우리가 무심코 지나쳤던 의류수거함에는 헌옷만 들어있는 것이 아니래요. 만남, 고민, 즐거움 같은 것들이 함께 들어 있다는 도로시의 말을 듣고 나면 의류수거함이 다르게 보입니다. 비밀스러운 보물 상자를 보듯 그 속을 빼꼼 들여다보게 된답니다. 의류수거함 속에는 우리가 사는 삶이 통째로 들어있는 것 같습니다. 진짜 보물은 우리 삶 속에 있고, 그 보물을 찾는 것은 우리의 몫입니다. 주인공 도로시는 의류수거함의 의미를 '나눔'이라고 했습니다. 여러분이 생각하는 의류수거함의 의미는 무엇인가요?

함께 보면 좋아요
『내일은 바게트』 이은용 지음, 문학과지성사, 2014
『흑룡전설 용지호』 김봉래 지음, 문학동네, 2014

낱말 퍼즐

	1	①				②			2	③
					3			④		
	4			⑤						
⑥										
			5							
6						7		⑦		
			⑧		⑨					
8 ⑩						9				
10				11					⑪	
						12				

가로 | 1.강낭콩쿠르트 2.유행성 3.프로야구 4.가나다세계 5.시위복지 6.정풍녹지 7.공부리 8.가운잣담길 9.인절미딸아 10.가오사장돌 11.주주인 12.호주 이주

세로 | ①가나지 ②도토지 ③등원동탈 ④가지세요 ⑤우시아 ⑥인수상장에 ⑦장미지자다름 ⑧녹항맞추 ⑨속도잔 ⑩가잣감지비 ⑪인함

정답

【가로】

1. 도로시가 초등학교 4학년 때 친구와 함께 가입했던 단체의 이름.

2. 195가 도로시에게 만나자고 말한 장소로 인생에서 딱 두 번만 드나들 수 있는 역으로 표현한 흰색 건물.

3. 도로시 아빠가 젊은 시절에 '면도날 슬라이더'라는 별명으로 활약했던 직업. ○○○○ 선수.

4. 195는 새 것과 다름없는 옷이 나오는 의류수거함과 아무것도 나오지 않는 의류수거함을 보고 이것과 같다고 함. 사회의 각 계층 사람들에게 돈이 얼마나 고르게 분배되어 있는지 나타내는 수치.

5. 195가 미국으로 떠난 뒤 도로시가 진학을 결정한 학과. ○○○○학과.

6. 마녀는 도로시와의 거래에서 자신이 ○○○○라고 하며 위험수당을 요구함. 장물을 전문적으로 매매하거나 운반하는 사람.

7. 195의 첫사랑이 다시 태어나고 싶다고 한 나무. 가지를 잘라서 물에 담그면 그 물이 푸르게 변하기 때문에 붙여진 이름.

8. '숲' 식당을 운영하는 마마의 예전 직업.

9. 모범생이던 도로시의 언니가 회사를 그만두고 트레킹을 떠나기로 한 곳.

10. 도로시가 숙자 씨와 함께 의류수거함을 털던 중에 만난 또 다른 의류수거함 털이범. 맥주를 좋아하여 도로시가 붙여준 호칭.

11. 의류수거함을 털어 나오는 옷을 담아 이동하기 위해 사용한 도구.

12. 마녀와 도로시가 만난 카페. 마녀는 광활한 자연환경에 대한 동경으로, 도로시는 자살 대신 차선책으로 이 카페에 가입함.

【세로】

① 도로시가 처음 의류수거함에서 꺼낸 물건. 스타킹처럼 신는 청바지.

② 『오즈의 마법사』에 나오는 주인공 이름.

③ 외고 입시를 준비하면서 스트레스를 받은 도로시에게 생긴 병. 군데군데 원형으로 머리카락이 빠짐.

④ 숙자 씨와 아내가 동물 살처분 작업에 투입되었던 사건. 소나 돼지 따위의 동물이 잘 걸리는 전염성이 강한 바이러스 병.

⑤ 숙자 씨의 본래 직업. 동물의 보건과 환경위생 및 각종 질병 예방과 진료를 하는 의사.

⑥ 마마는 아들을 잃은 뒤 아들이 보고 싶을 때면 폭식을 함. 거식증·폭식증 등의 식사 장애.

⑦ 195는 이 뮤지컬을 보고 나서 뮤지컬배우의 꿈을 갖게 됨. 빅토르 위고의 원작을 만든 '불쌍한 사람들'이라는 뜻의 뮤지컬 이름.

⑧ 도로시와 멤버들이 폐지할머니 집에 바꿔주기로 한 것. 겨울철에 집안을 따뜻하게 데워주는 장치.

⑨ 탈북자 카스삼촌이 남한에 와서 가장 맛있게 먹었다는 라면의 북한말.

⑩ 195가 운영했던 카페. 리포트를 제출해 통과해야 가입이 가능함.

⑪ 북한의 초등학교. ○○학교.

되새김 발문 : 내용을 되새겨 보아요

1. 다음 등장인물들과 설명을 연결해보세요.

① 도로시 •

② 마녀 •

③ 195 •

④ 숙자 씨 •

⑤ 카스 삼촌 •

• ⓐ 아내를 잃고 노숙자 생활을 하다가 주인공을 만나 함께 의류수거함을 털게 됨. 전직 수의사.

• ⓑ 도씨 집안의 둘째딸에게 예쁜 이름을 주고 싶어 엄마가 만들어준 이름. 『오즈의 마법사』의 주인공.

• ⓒ 호주 이민카페 회원이며 구제 옷가게를 운영하는 리폼 디자이너 겸 사장.

• ⓓ 탈북민으로 맥주를 좋아하여 주인공이 붙여준 별명. 본명은 김필봉.

• ⓔ 은밀한 개인의 기록물들이 나온 의류수거함의 번호를 따서 그 남자아이를 부르는 호칭.

2. 도로시는 대학교 근처에 있는 D동 의류수거함에서 옷을 꺼내다 쓰레기봉투를 발견합니다. 그 안에 들어 있던 하얀색의 생명체는 무엇이었나요? (25쪽)

3. 마녀는 광활한 호주의 자연환경에 대한 동경으로, 도로시는 자살 대신 차선책으로 이것을 선택합니다. 두 사람의 공통 관심사인 이것은 무엇인가요? (28쪽)

4. 마녀가 도로시 일행을 데리고 간 곳은 '마마'라고 불리는 아주머니가 운영하는 식당입니다. 계절 식재료를 사용하여 만든 백반이 주메뉴로 특별한 것이 없는데도 마음이 허전할 때면 찾게 된다는 이 식당의 이름은 무엇인가요? (68쪽)

5. 1949년에 우주 실험을 목적으로 개발되었고 그 후에 여러 과학 실험에 쓰이다가 요즘엔 차량 충돌 실험에 주로 사용하는 인형입니다. 195가 자신을 지칭하는 것으로 표현한 말은 무엇인가요? (119쪽)

6. 도로시는 북한에서 온 카스 삼촌에게 남한에서 가장 맛있게 먹은 음식을 물어봅니다. 카스 삼촌이 대답한 속도전 국수는 우리말로 무슨 음식인가요? (136쪽)

7. 자살을 결심하고 일기장, 상장 등 자신의 물건을 의류수거함에 넣은 195의 꿈은 무엇이었나요? (158쪽)

8. 도로시는 195의 마음을 되돌리려고 수수께끼의 장소를 찾아갑니다. 몇 마디 말만 나누고 가려는 195를 붙잡기 위해 도로시는 의류수거함의 의미에 대해 퀴즈를 냅니다. 그리고는 도로시가 생각한 의류수거함의 의미를 무엇이라고 이야기했나요? (161쪽)

9. 도로시를 몰래 따라온 언니는 숙자 씨와 만나 티격태격하다가 이곳에 대한 이야기가 나오자 신나게 이야기를 이어갑니다. 숙자 씨가 진지하게 외국으로 나가볼까 고민하는 행선지로 말한 곳은 어디인가요? (191쪽)

10. 195가 미국으로 떠난 뒤 담임 선생님과 진로상담을 하던 도로시가 세상에 도움이 되겠다는 마음으로 진학하고 싶어 한 대학의 학과는 무엇인가요? (244쪽)

> **정답**
> 1. ①-ⓑ, ②-ⓒ, ③-ⓔ, ④-ⓐ, ⑤-ⓓ | 2. 강아지 | 3. 이민 | 4. 숲 | 5. 더미(Dummy)
> 6. 라면 | 7. 뮤지컬 배우 | 8. 나눔 | 9. 고비 사막 | 10. 사회복지학과

해석적 발문 : 다양하게 생각해 보아요

1. 도로시는 195번 의류수거함을 뒤지다가 수첩과 일기장, 상장, 꿈 상자 등을 발견합니다. 이것을 보고 누군가 자살을 고민하는 것으로 생각한 도로시는 대화를 시도하기 위해 노력합니다. 왜 도로시는 모르는 사람의 자살을 막으려고 애쓰는 것일까요? (116~117쪽)

2. 도로시는 마마에게 195에 대한 고민을 털어놓습니다. 마마는 195가 자신의 물건을 아무렇게나 버리지 않은 것으로 보아 삶의 의지를 가지고 있을지도 모른다고 말합니다. 195는 왜 하필 의류수거함에 자신의 물건을 버린 것일까요? (131쪽)

3. 처음에는 의류수거함 털이를 돈벌이로 시작했지만 도로시는 시간이 지날수록 소중한 것을 얻었다고 합니다. 만남, 고민, 즐거움 등 도로시가 얻었다고 생각하는 것들 중에 여러분이 가장 소중하다고 생각하는 것은 무엇인가요? (157쪽)

소중하게 여기는 것:
이유:

4. 에메랄드 빌리지의 의류수거함을 턴 멤버들은 대부분의 물건이 가짜 상품(이미테이션 상품)이라는 것을 알게 됩니다. 물건을 감별해 준 중고 명품상이 떠나자 멤버들은 모두 웃기 시작했습니다. 가짜 물건이라는 것을 알게 된 후 그들이 웃음을 터트린 이유는 무엇일까요? (213쪽)

5. 도로시와 195는 의류수거함 위에 『맥베스』 책을 올려놓고 그 안에 쪽지를 넣어두는 것으로 연락을 주고받았습니다. 195가 떠난 후 우연히 들른 의류수거함에는 『맥베스』가 아닌 『한여름 밤의 꿈』이 놓여 있었습니다. 『한여름 밤의 꿈』 책은 어떤 의미일까요? (252쪽)

선택적 발문 : 입장을 선택해 보아요

1. 도로시의 아빠는 고교시절 촉망받는 투수로 졸업 후에는 친구들의 부러움을 받으며 프로팀에서 선수생활을 했습니다. 그러다 엄마를 만나 아이가 생기는 바람에 야구를 그만두고 취직을 했다고 합니다. 여러분은 야구를 그만둔 도로시 아빠의 선택에 대해 어떻게 생각하나요? (54쪽)

❏ 부모로서 책임감 있는 행동이다   ❏ 두려운 미래에 대한 핑계이다

이유 ....

2. 마녀는 구제 옷을 판매하기도 하지만 직접 디자인하기도 합니다. 마녀의 디자인에 대해 숙자 씨와 도로시의 의견이 나뉩니다. 위험을 감수하더라도 디자인을 강렬하게 해 개성을 강조하자는 숙자 씨와 상업적인 측면에서 안정적인 것이 더 좋다는 도로시의 의견 중 어느 쪽에 더 공감하나요? (65쪽)

❏ 개성을 강조하는 디자인을 추구한다   ❏ 상업적으로 안전한 디자인을 추구한다

이유 ....

3. 도로시와 숙자 씨, 카스 삼촌, 마마, 195 그리고 마녀까지 합심해서 에메랄드 빌리지의 의류수거함을 털게 됩니다. 폐지할머니의 집에 보일러를 고칠 비용을 마련하기 위해 선택한 그들의 결정에 대해 여러분은 어떻게 생각하나요? (198쪽)

❏ 최선의 선택이었다   ❏ 다른 방법을 선택했어야 했다

이유 ....

사색적 발문 : 생각을 넓혀 보아요

1. 카스 삼촌은 북한에서는 '출신 성분'이 나쁘면 아무리 능력이 뛰어나도 인정받지 못하고 꿈을 이룰 수 없다고 합니다. 그런데 남한에서는 '돈'이 계급의 역할을 하는 것으로 느껴졌다고 합니다. 카스 삼촌처럼 여러분도 우리 사회에서 계급이 존재한다고 느꼈던 적이 있다면 언제, 어떤 일이었는지 이야기해 봅시다. (73쪽)

> 언제였나요?
>
> 어떤 일이었나요?

2. 도로시는 의류수거함의 의미를 '나눔'이라고 했습니다. 여러분이 생각하는 의류수거함의 의미는 무엇인가요? 자신만의 정의를 적어 보세요. (160~161쪽)

> 의류수거함은 _____ 이다.
>
> 왜냐하면, _____
> _____

3. 에메랄드 빌리지에 대한 느낌은 그곳의 의류수거함을 털기 전과 후가 확연히 달라집니다. 도로시는 이것을 '선망과 동경의 색안경'이라고 생각했습니다. 자신이 색안경을 썼기 때문에 그 사람들이 특별하게 보이고 그 공간이 화려하게 보인 것이라고 말합니다. 여러분도 자신이 만든 색안경 때문에 어떤 것(사람)이 특별해 보이거나 하찮아 보인 경우가 있었나요? (204, 213쪽)

북돋움 활동 1

의류수거함에 넣고 싶은 것들

195는 의류수거함에 일기장, 꿈 상자, 사진첩, 상장 뭉치 등 자신의 역사라고 할 만한 것들을 넣었습니다. 버릴 수는 없지만 그렇다고 갖고 있기도 싫은 물건들이었습니다. 여러분도 195처럼 의류수거함에 넣고 싶은 것을 생각해 보세요. (240쪽)

수거함에 넣고 싶은 것

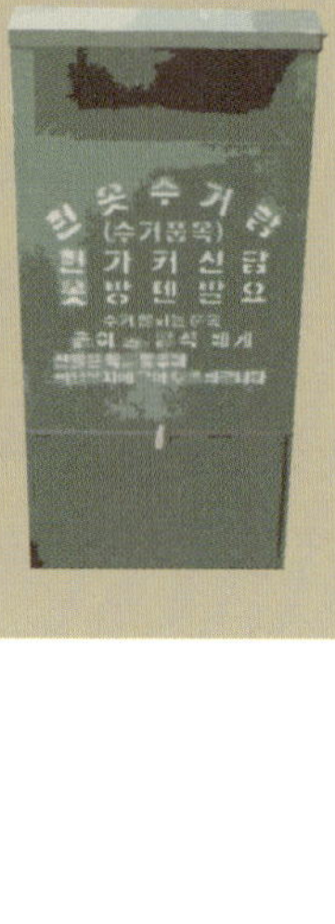

북돋움 활동 2

우리가 운영하는 재활용수거함

우리 주변에서 흔히 볼 수 있는 의류수거함은 개인사업자(의류수거업자)가 설치한 것입니다. 옷을 집어넣는 순간 수거업자의 소유가 되며 그 옷을 다시 꺼내는 것은 절도가 됩니다. 이렇게 수집된 의류 중에서 상태가 좋은 옷은 깨끗하게 손질하여 동남아와 아프리카로 수출하고 나머지는 고물상에 판매하여 개인 수거업자의 수익이 됩니다. 기부하는 마음을 가졌던 사람들의 입장에서는 당황스럽기도 합니다. 여러분들의 학교나 동아리에서 의류수거함을 설치하여 운영한다면 어떠한 목적으로 사용할 것인지 기획해 보세요. 의류가 아닌 다른 재활용 물품도 좋습니다.

○○수거함 디자인	수거함 이름	
	설치 장소	
	운영 주체	
	수거 품목	
	수거 물품 활용 방안	

#7

식물도 사람도
사랑으로 꽃을 피운다

#치유, #성장, #용기, #우정, #친구, #동아리, #반항, #왕따,
#여행, #학교폭력, #추억, #원예, #신뢰, #회복, #식물

About the Book

원예반 소년들
우오즈미 나오코 지음, 오근영 옮김, 양철북, 2012

원예반 활동을 함께하게 된 세 소년이 식물을 키우는 동안 스스로 변화하고 성장해 가는 이야기입니다. 왕따 사건에 대한 기억을 갖고 있는 다쓰야와 불량스러웠던 오와다, 박스소년 쇼지가 생명이 주는 기쁨을 알고 조금씩 마음을 열어 가는 모습이 뭉클하게 와닿습니다. 그리고 제각기 다른 꽃을 피우는 식물들처럼 서로 다른 세 소년이 모여 아름다운 화원을 일구어 냅니다.

식물을 키울 때 관심과 사랑 없이는 잘 키워내기 어렵습니다. 사람도 마찬가지지요. 원예반 소년들이 키워내는 싱그러운 식물들처럼 건강한 성장소설로 추천합니다.

함께 보면 좋아요
『2미터』 요코야마 케이 지음, 김지연 옮김, 책과콩나무, 2011
『친구가 되기 5분 전』 시게마츠 기요시 지음, 양억관 옮김, 푸른숲주니어, 2008

낱말 퍼즐

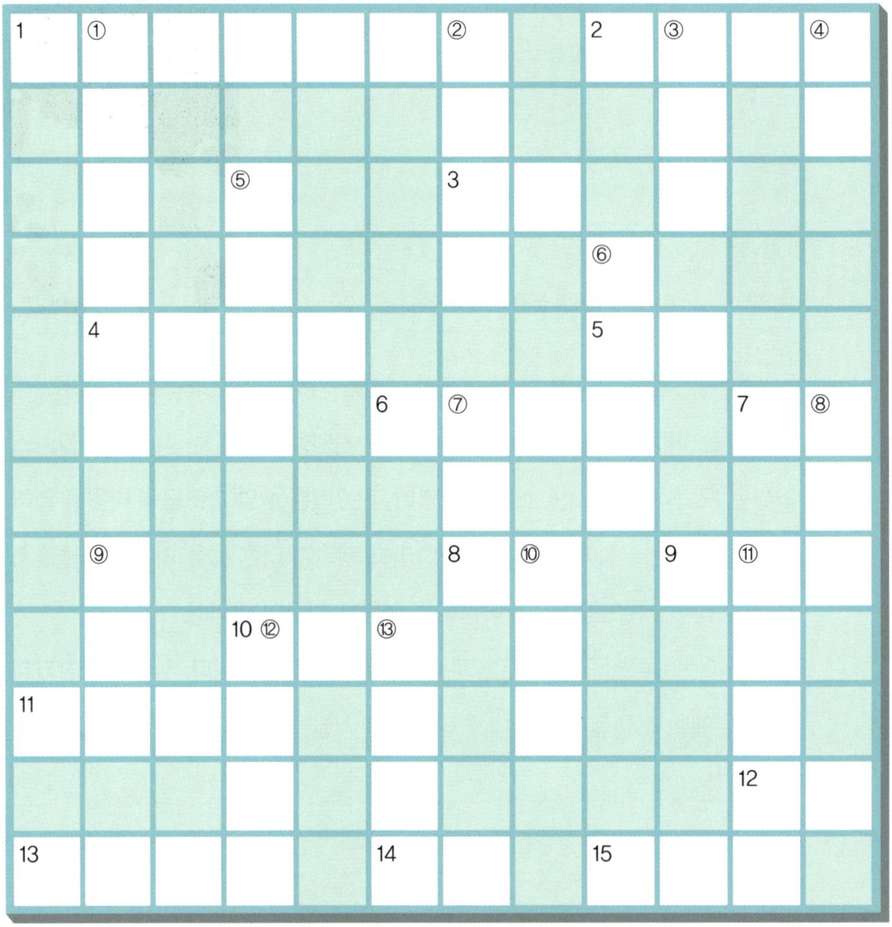

정답

가로 | 1.우오즈미 나오코 2.박스보이 3.모종 4.페튜니아 5.뿌리 6.꽃봉오리 7.협동 8.화원 9.포푸리 10.데이지 11.시노자키 12.귀감 13.줄기치기 14.물풀 15.활동비

세로 | ①오와다 잇페이 ②코스모스 ③스토크 ④이름 ⑤베고니아 ⑥물뿌리개 ⑦봉선화 ⑧동아리 ⑨도미노 ⑩원예반 ⑪푸른양귀비 ⑫데키스기 ⑬지중식물

【가로】

1. 청소년의 심리 상태를 잘 드러낸 리얼리즘 작품으로 유명한 일본 작가. 『원예반 소년들』의 저자.

2. 상자를 머리에 쓰고 다니는 것 때문에 쇼지에게 붙은 별명.

3. 원예반 소년들이 꽃을 가꾸려고 산 것. 옮겨심기하려고 씨앗을 뿌려 가꾼 어린 식물.

4. 시노자키가 처음으로 구입한 꽃의 씨앗. 개화기간이 길어 공원이나 화단 조성에 자주 사용됨.

5. 식물을 떠받치고 땅속으로부터 물과 양분을 빨아들이는 기관.

6. 아직 피지 않고 망울만 맺혀 있는 꽃.

7. 원예반과 온실을 잘 가꾸려는 세 소년의 ○○이 돋보임. 서로 마음과 힘을 합함.

8. 원예반 소년들이 꽃씨와 원예반 운영에 필요한 것들을 구입한 곳. 여러 가지 화초와 꽃나무를 가꾸어 놓고 파는 곳.

9. 학교 축제 때 원예반 소년들은 라벤더를 말린 ○○를 판매함. 실내 공기를 정화해주는 방향제의 일종인 향주머니.

10. 국화과에 속하는 원예식물의 이름. 주로 화단에 심으며 잎은 숟가락 모양으로 털이 약간 나 있음. 영어로는 Daisy.

11. 원예반 소년들 중 한 명으로 어린 시절에 어떤 아이에게 '노팬티'라는 별명을 붙게 만든 장본인.

12. 원예 책으로 공부하며 식물을 키우는 쇼지의 모습이 다른 소년들에게 ○○이 됨. 거울 삼아 본받을 만한 것.

13. 삐죽 나온 새순의 줄기나 꽃이 시든 꽃줄기의 밑동을 자르는 일.

14. 물속에서 광합성을 하며, 광합성 실험에 자주 이용되는 식물. 영어로는 Water Plant.

15. 중학교 때의 불량 친구들을 만난 오와다가 자기 지갑을 대신 주고라도 지키려던 것.

【세로】

① 학교 축제 때 불량 친구들이 찾아와 원예반 온실이 엉망이 되었는데도 오히려 담임은 이 소년의 복장과 평상시 행동을 지적함. 이 소년의 성과 이름.

② 원예반 소년들이 학교 축제 때 화분에 심어 판매한 꽃. 가을의 대표적인 꽃.

③ 오와다가 처음으로 구입한 씨앗. 가장 늦게 싹이 난 꽃.

④ 소년들은 원예반 활동을 하면서 꽃과 식물의 ○○을 많이 알게 됨. 어떤 사물을 다른 것과 구별해 부르는 일정한 칭호.

⑤ 원예반 소년들이 식물에게 물을 주는 기쁨을 처음으로 느끼게 해준 꽃. '∧'자로 시들었던 잎에 물을 주니 '∨'자로 살아남.

⑥ 화초에 물을 줄 때 쓰는 도구.

⑦ 시노자키가 사진관 앞에 시들어 있던 이 식물에 물을 준 후 키우는 법을 적은 쪽지를 붙임.

⑧ 같은 목적으로 한패를 이룬 무리. 원예반, 농구반, 야구반 등과 같은 ○○○.

⑨ 시노자키가 자전거 거치대에서 자전거가 줄줄이 쓰러지는 것을 겪은 현상. 맨 처음 것을 쓰러뜨리면 다음 것들이 순서대로 쓰러지는 현상의 기법.

⑩ 세 소년들이 같이 활동하고 있는 모임의 이름. 허허 영감으로 불리는 지도교사가 있는 모임.

⑪ 원예반 소년들이 여름방학 때 여행 간 '환상의 꽃 공원'의 대표 식물.

⑫ 머리에 상자를 쓰고 다녔던 쇼지는 애니메이션 도라에몽에 나오는 등장인물 ○○○○와 닮았다고 놀림 받음. 우리나라에 소개된 번역 이름은 '영민'.

⑬ 땅속줄기, 덩이뿌리 등의 땅속에서 해를 넘기는 겨울눈을 가진 식물. 고구마, 백합과 식물, 토란 등이 해당. = 땅속식물.

되새김 발문 : 내용을 되새겨 보아요

1. 동아리에 들고 싶지 않았던 오와다와 시노자키가 야구부와 농구부의 가입 권유를 피하기 위해 들어간 동아리는 무엇인가요? (25쪽)

2. 초등학교 때 시노자키의 반에는 말을 거꾸로 하는 장난으로 친구들을 놀리는 아이가 있었습니다. 눈치 빠른 시노자키는 그 장난에서 빠져나왔지만 한 아이는 그 장난 때문에 붙은 별명으로 계속 놀림을 받았습니다. 아무도 도와주지 않아 그 아이가 갖게 된 별명은 무엇인가요? (34쪽)

3. 쇼지는 중학교 때 집단 괴롭힘을 당한 경험 때문에 자신의 얼굴을 숨기려고 합니다. 상자를 머리에 쓰고 다니는 쇼지에게 오와다가 붙여준 별명은 무엇인가요? (44쪽)

4. 식물에 물을 주던 아이들은 시들어가는 꽃을 발견합니다. 물을 너무 많이 주어 식물의 뿌리가 썩는 병의 이름은 무엇인가요? (47쪽)

5. 작은 싹에 물을 줄 때 수압에 눌려 싹이 망가지는 것을 우려해서 물뿌리개의 물이 나오는 곳에 붙이는 것은 무엇인가요? (49쪽)

6. 오와다가 집 근처의 꽃집에서 작은 화분을 사왔을 때 쇼지는 물을 주기 전에 큰 화분에 옮겨 심는 것이 좋을 것 같다고 합니다. 꽃모종을 팔 때 식물을 담는 검은색 간이 화분을 쇼지는 무엇이라고 알려주었나요? (54쪽)

7. 쇼지가 상자를 머리에 쓰고 학교에 다니는 조건으로 학교에서 제시한 약속 세 가지는 무엇인가요? 빈 칸에 들어갈 말을 차례로 써 보세요. (72쪽)

첫째, 아무에게도 눈에 띄지 않기
둘째, ○○○로 등교하기
셋째, 학교가 정한 ○○에 합격하기

8. 화단에 심을 식물을 사러 간 오와다는 중학교 때 어울렸던 불량 친구들과 맞닥뜨렸습니다. 그들에게 지갑을 대신 주고서라도 오와다가 지키려고 애쓴 것은 무엇이었나요? (87쪽)

9. 원예반 동아리를 담당하는 선생님의 웃음소리를 붙여 아이들이 부른 이름은 무엇이었나요? (89쪽)

10. 아메리칸 블루가 화분 위로 삐죽하게 자라자 원예반 소년들은 쇼지의 조언에 따라 ○○○○를 합니다. ○○○○는 삐죽 나온 새순의 줄기나 꽃이 시든 꽃줄기의 밑동을 자르는 일입니다. 새순과 꽃송이를 더 풍성하게 만들어주는 이 작업을 무엇이라고 하나요? (96쪽)

11. 쇼지는 화단 가꾸기 대회에 함께 가꾼 신발장 옆 화단을 응모합니다. 대회에서 입상을 하여 오와다가 한턱 쏘겠다고 하자 쇼지는 이것을 제안합니다. 쇼지가 제안한 것은 무엇인가요? (103쪽)

12. 학교 축제 때 오와다의 예전 불량 친구들이 난동을 부려 온실이 엉망이 되었습니다. 그 일로 2주일간 결석을 했던 오와다는 이것을 원상 복귀하느라 시간이 걸렸다고 했습니다. 오와다는 외모 중 어느 곳에 변화를 주었나요? (144쪽)

정답

1. 원예반 | 2. 노팬티 | 3. BB(Box Boy) | 4. 근부병 | 5. 분무꼭지 | 6. 포트 | 7. 상담실, 대학
8. 활동비 | 9. 허허 영감님 | 10. 줄기치기 | 11. 여행 | 12. 눈썹

해석적 발문 : 다양하게 생각해 보아요

1. 시노자키는 입학할 학교를 찾아가던 길에 쓰러진 자전거를 세워 주는 오와다를 만났습니다. 6개월 후 시노자키는 같은 장소에서 오와다가 그랬던 것처럼 쓰러뜨린 자전거를 세워주는 노팬티를 만났습니다. 같은 장소에서 일어난 이 일은 시노자키에게 어떤 의미일까요? (8~9쪽, 140~141쪽)

2. 상자를 머리에 쓴 채 사람들의 시선을 피해서 학교에 다니는 쇼지는 자신의 존재를 아무에게도 밝히지 말아달라고 부탁합니다. 오와다는 비밀을 지켜주는 대신 쇼지에게 원예반 일을 도와달라고 합니다. 왜 오와다는 쇼지에게 원예반 일을 부탁했을까요? (39쪽)

3. 오와다와 다툰 쇼지를 찾아간 시노자키는 쇼지가 머리에 상자를 쓰게 된 이유를 듣고 대단하다고 생각했습니다. 그 이유는 무엇일까요? (71쪽)

4. 모닥불 불씨 때문에 머리에 쓰고 있던 상자가 타서 쇼지는 상자를 벗을 수밖에 없었습니다. 오와다와 시노자키는 더 이상 쇼지를 놀릴 사람은 없다고 위로하고 쇼지 또한 상자를 벗길 잘했다고 생각합니다. 불씨 외에도 쇼지가 상자를 벗게 된 이유에는 어떤 것이 있을까요? (116쪽)

5. 온실 난동사건이 있었던 학교 축제 이후 오와다는 2주 만에 다시 학교에 나왔습니다. 자신이 뿌렸던 스토크의 싹이 난 것을 기뻐하며 원상 복귀하느라 시간이 걸렸다고 합니다. 스토크와 눈썹 외에도 오와다가 원상 복귀하고 싶었던 것은 무엇이었을까요? (143쪽)

6. 시노자키, 오와다, 쇼지는 우연한 계기로 원예반 활동을 하게 되었습니다. 식물이 싹을 틔우고 꽃을 피우는 것처럼 조금씩 성장한 세 소년이 원예반을

하기 전과 후에 가장 크게 달라진 모습은 무엇이라고 생각하나요?

인물	원예반을 하기 전	원예반을 한 후
시노자키		
오와다		
쇼지		

선택적 발문 : 입장을 선택해 보아요

1. 학교의 조건부 허락을 받아 쇼지는 상자를 머리에 쓰고 등교할 수 있었습니다. 학교가 제시한 사항은 '아무에게도 들키지 않기, 상담실로 등교하기, 학교가 정한 대학에 합격하기'입니다. 여러분은 학교 측이 쇼지에게 제시한 조건에 대해 어떻게 생각하나요? (72쪽)

> "그렇다면 이 학교에서는 허락을 받았단 말이지?"
> "아니오, 기본적으로는 인정되지 않습니다. 지금처럼 아무한테도 들키지 않도록 해야 할뿐더러 조건부로 간신히 인정을 받고 있는 식입니다."
> "조건부라니? 그러니까 상담실로 등교하는 게 조건인 거야?"
> "그렇습니다. 상담실에서 공부하고 절대로 다른 사람 눈에 띄지 않도록 할 것. 그리고 학교가 정한 대학에 합격할 것."
> "대학?"
> 갑자기 미래 이야기가 나와서 놀랐다.
> "명문 대학에 합격한 학생 수로 학교 평가는 달라집니다. 다시 말해 학교가 희망하는 대학에 합격하면 상담실로 등교한 날짜 수를 정상적인 등교 날짜 수로 인정해 주겠다는 겁니다."

☐ 공감한다   ☐ 공감하지 않는다

이유 _____

2. 학교 폭력에 시달리던 쇼지는 우연히 전기밥솥 상자를 머리에 써 보고 마음의 안정을 찾게 됩니다. 그래서 상자를 쓴 채 학교에 가길 원했지만 중학교에서는 절대 허락하지 않았습니다. 반면 고등학교에서는 조건을 걸고 쇼지의 입학을 허락합니다. 머리에 상자를 쓴 채로 등교할 수 없다는 중학교와 조건부로 입학을 허가한 고등학교 중 어느 학교의 결정에 공감하나요? (73쪽)

☐ 중학교의 결정　　☐ 고등학교의 결정

이유 _____

3. 학교 축제 때 오와다의 불량 친구들이 찾아와 원예반의 화분들을 집어던지는 행패를 부렸습니다. 그동안 공들여 키운 화분이 망가져 속상한데 담임 선생님은 오히려 오와다의 복장과 평상시의 행동에 대해 지적합니다. 여러분은 담임 선생님의 말에 대해 어떻게 생각하나요? (133쪽)

> "지금까지 밥 먹듯이 교칙을 위반한 걸로도 모자라 이런 소동이 일어나게 하다니 어쩔 거냐고 다그치더라고. 특히 우리 담임이 화를 많이 냈어. 눈썹도, 교복도 깔끔하게 하고 다니지 않으려면 퇴학도 각오하래. '허허 영감님'만은 나를 감싸 주시더라."
> (중략)
> "왜 그런 차림새를 하고 다니고 싶은 건지 곰곰이 생각해 본 적이 있냐고 담임이 묻더라. 그런 차림으로 다른 사람을 겁먹게 하거나 위협하거나 남과 다르다고 생각하고 싶은 마음이 지금도 마음 어딘가에 있는 게 아니냐고. 그런 어정쩡한 태도가 옛날 친구들을 불러들인 거라고."

☐ 공감한다　　☐ 공감하지 않는다

이유 _____

사색적 발문 : 생각을 넓혀 보아요

1. 중학교 때 괴롭힘을 당한 이후 쇼지는 상자를 머리에 쓰고 있어야만 안심이 되었습니다. 여러분에게도 힘든 기억이 있을 때 마음이 편안해지는 나만의 방법이 있다면 소개해 주세요. (71쪽)

2. 원예반 소년들은 담당 선생님의 권유로 화단 꾸미기를 맡게 되었습니다. 흙투성이가 되어 일하는 것은 아무렇지 않았지만 말없이 힐끗거리는 여자아이들의 시선은 창피했다고 합니다. 여러분도 다른 사람의 취미 활동에 대해 선입견을 가진 적이 있나요? (80~81쪽)

3. 원예반 아이들은 방학 중에도 일주일에 한 번씩 모여 원예반 활동을 합니다. 시노자키에게는 그날이 자기 생활의 중심이며 가장 큰 즐거움이라고 합니다. 방학 동안에 여러분이 가장 좋아하는 일은 무엇인가요? (120~121쪽)

4. 원예반 소년들이 가꾼 꽃의 꽃말과 책의 내용을 되새기며 자신을 꽃에 비유한다면 어떤 꽃과 가장 많이 닮았다고 생각하는지 이야기해 보세요.

이미지	꽃말	이유
	패튜니아 ※꽃말: 당신과 함께 있으면 마음이 편안해집니다. 원예반 동아리 첫날에 시노자키가 심은 꽃씨의 식물이다. 꽃잎을 따라 줄기가 휘어지지만 손가락을 떼면 원상태로 돌아가 꼿꼿하게 하늘을 향해 고개 든다.	
	스토크 ※꽃말: 영원한 아름다움, 변치 않는 사랑 원예반 동아리 첫날에 오와다가 심은 꽃씨의 식물이다. 정성을 들였지만 싹이 나지 않다가 오와다가 원상 복귀하자 그제야 싹이 난 오와다와 닮은 꽃이다.	

	금송화 ※꽃말: 질투, 겸손 팬지가 근부병에 걸려 죽었다는 것을 안 후 오와다가 사 온 원예반의 첫 번째 모종이다. 이름도 다양하고 생명력이 강한 꽃으로 관상용, 해충방지용으로 많이 심는다.	
	아프리카 봉선화 ※꽃말: 나의 사랑은 당신보다 깊다. 오와다를 따라 모종을 사고 싶어진 시노자키가 색깔을 맞추려고 빨간색으로 사온 꽃모종이다. 추위에는 약하지만 비교적 키우기는 수월하다.	
	루피너스 ※꽃말: 탐욕, 삶의 욕구 오와다가 두 번째로 사온 꽃모종으로 파란 포도송이가 거꾸로 서 있는 듯한 모양의 식물이다. 번식력이 강해 주변의 식물들과 경쟁하여 이기면서 자란다.	
	제라늄 ※꽃말: 존경, 신뢰, 결심, 그대가 있어 행복하네. 원예반 선배들이 키우다가 방치된 채 온실 속에 있었지만 소년들의 정성으로 꽃을 피웠다. 독특한 향기가 특징이다.	
	라벤더 ※꽃말: 풍부한 향기, 기대, 대답해 주세요. 쇼지가 부모님께 원예반 활동을 한다고 하자 가져가서 키우라고 선뜻 내놓은 식물이다. 친구도 사귀고 학교생활에 적응하는 쇼지가 대견한 듯하다.	
	푸른 양귀비 ※꽃말: 꿈길, 위안 여름방학 때 원예반 소년들이 여행 갔던 '환상의 꽃 공원'의 대표 식물이다. 꽃 하나에서 3만2천 개의 씨앗이 생겨 다산의 상징이기도 하다.	

	**코스모스** ※꽃말: 소녀의 순정, 조화로움	
	학교 축제 때 원예반에서 판매한 꽃이며 가을의 대표적인 꽃이다. 꽃 색깔이 선명하면서 다양하고, 꽃이 피는 기간이 길다.	
	**베고니아** ※꽃말: 부조화, 뜬소문, 짝사랑	
	시들었을 때 물을 줬더니 '∧' 자 모양이었던 것이 'V' 자 모양으로 살아나 소년들에게 감동을 준 식물이다. 건조에 약하며 강한 햇빛은 가려주어야 한다.	

5. 평소에 시노자키는 모범적으로 살고 있다고 생각했는데, 우연히 만난 노팬티에게서 자신에 대한 평을 듣고 따귀를 맞은 기분이 들었습니다. 여러분에게도 내가 생각하는 '나'와 타인이 바라보는 '나'가 달랐던 경험이 있나요?
(140~141쪽)

북돋움 활동 1

원예 단어 끝말잇기

원예반 소년들은 여름방학 여행에서 원예와 관련된 끝말잇기를 했습니다. 소설 속 친구들처럼 여러분도 꽃과 식물 그리고 원예와 관련된 단어로 끝말잇기 게임을 해봅시다. (118쪽)

줄 기

식 물

모 종

북돋움 활동 2

나의 비전 찾기

『원예반 소년들』에 나오는 식물의 성장에 대한 이야기는 청소년들의 성장과 닮아 있습니다. 책 속의 문장 중 마음에 드는 것을 골라 앞으로의 내 비전과 연관 지어 써봅시다. 제시된 문장에서 골라도 좋고 책 속에서 직접 고른 문장으로 이야기해도 좋습니다.

- ☐ 옆에 있는 화분을 보니 잎 모양으로 봐서는 같은 종류인 것 같은데 줄기가 쓰러지고 잎은 시들어 축 늘어져 있다. 꼿꼿한 풀은 내가 앉은 바로 옆에 있는 화분뿐이다. 왜 이런 차이가 나는 걸까? 여기만 비가 온 걸까. 그때 문득 어제 종이컵에 남은 물을 끼얹고 갔던 일이 떠올랐다. 그럼 뭐야? 그랬다고 이렇게 싱싱해진 거라고? (17쪽)

- ☐ 먼저 화분의 풀을 둘러봤더니 놀랍게도 낮에는 축 늘어져 있던 잎들이 꼿꼿하게 위를 향하고 있었다. 하얗게 말라 가던 잎도 초록빛이 조금 늘어난 것 같았다.
식물이란 참 순진한 거구나.
식물에게 물이 필요하다는 것 정도는 물론 알고 있다. 하지만 물만 준다고 이 정도로 금방 눈에 띄게 싱싱해질 줄은 몰랐다. (19쪽)

- ☐ 그다음 날은 나올 거라고 생각했다. 그러나 여전히 나오지 않았다. 그다음 날은 분명 나오겠지 생각했는데 역시 나오지 않았다.
씨를 뿌린 지 나흘이 지나자 불안이라기보다는 불만이라고 해야 하나, 아무튼 좀 납득이 가지 않았다. 씨를 뿌리면 싹이 나온다는 것은 시든 식물에 물을 주면 싱싱해지는 것보다 당연한 일이라고 생각했다. (31쪽)

- ☐ "근부병? 그게 뭐야?"
"뿌리가 썩어 가는 병입니다. 그리고 그 화분은 그 화초가 자라기에는 크기가 많이 작습니다. 아마도 뿌리가 촘촘하게 뭉쳐 있을 것 같습니다. 거기다가 매일 물을 주니까 근부병을 일으켜 시들어 가는 게 아닌지." (47쪽)

- ☐ 듣고 보니 맞는 말이다. 늘 하듯 힘차게 물을 뿌려 주면 여린 싹은 뭉개져 버릴 것이다. (49쪽)

- ☐ "그걸 분무 꼭지라고 합니다. 작은 싹은 이 분무 꼭지를 꽂고 물을 주는 게 좋습니다. 안 그러면 수압에 눌려 싹이 망가집니다."
"아니오, 제가 잘 아는 게 아닐 겁니다. 말하기는 좀 뭣하지만 오와다 군과 시노자키 군은 정말 그냥 물만 주고 있을 뿐입니다."
무슨 뜻이지?
"여기 있는 식물의 이름이 뭔지, 어떤 방식으로 키워야 할지에 대해서는 알려고도 하지 않는 것 같습니다. 만약 정말 꽃으로 가득한 화원으로 만들고 싶다면 조사해 보는 게 좋을 거라 생각합니다." (50쪽)

예)
내가 고른 문장: 꽃이 다 피고 나서는 셋이서 틈만 나면 시든 꽃송이를 땄다. 시든 꽃을 따는 작업은 원예의 기본이다. 피었다 시든 꽃을 그대로 두면 씨를 만드는 데 필요한 모든 영양분을 빼앗겨 버린다. 게다가 시든 꽃이 썩으면 병에 걸리거나 벌레가 꼬이기도 한다. (77쪽)

나의 비전: 시든 꽃을 그대로 두면 씨를 만드는 데 필요한 영양분을 빼앗겨 버린다고 한다. 나의 잘못된 습관이나 생각을 잘라내지 않으면 그쪽으로 나의 영양이 빠져나간다는 것을 깨달았다. 내가 잘 자랄 수 있도록 내 스스로 시든 꽃을 따서 병에 걸리거나 나쁜 벌레가 꼬이지 않도록 하겠다.

내가 고른 문장 :

나의 비전 :

#8
희망의 땅에 뿌리를 내리고 당당하게 서라!

#소외, #보고서, #학교폭력, #왕따, #관찰, #친구, #은둔형 외톨이, #상담, #상처, #치유, #또래상담, #무관심, #감시카메라, #방황, #청소년법

About the Book

옆집 아이 보고서
최고나 지음, 한우리문학, 2015

퇴학당할 위기에 놓인 무민은 담임 선생님으로부터 솔깃한 제안을 받습니다. 바로 옆집에 살고 있는 순희를 학교에 나오게 하면 퇴학을 면하게 해 주겠다는 것입니다. 처음에는 자신을 위해 순희를 관찰했지만 차츰 진심으로 순희를 도와주고 싶어집니다. 관찰은 종료되었지만 무민의 진심 어린 '지순희 구하기 프로젝트'는 새로 시작됩니다.

청소년의 세계로 한 걸음 들어가서 그들의 세상을 엿본 듯한 느낌입니다. 자신의 의지와 상관없이 상처받고 고통받는 아이들이 있다면 손 내밀어 주어야겠습니다. 순희처럼 따뜻한 손길을 기다리고 있는 누군가가 있을지도 모릅니다.

함께 보면 좋아요
『도와줘, 제발』 엘리자베트 죌러 지음, 임정희 옮김, 주니어김영사, 2009
『스피릿 베어』 벤 마이켈슨 지음, 정미영 옮김, 양철북, 2008

낱말 퍼즐

가로 | 1.쉬한 2.고등학교 아이 3.용합 돌아이 4.이사장 5.사당 6.손자자 7.리원 8.점감 9.진동사
10.가정어린장 11.회교고 12.우유성 13.운동인감

세로 | ①인물이 ②총재사가지 ③감사와 ④아기는 ⑤트롤기가 ⑥사랑다 ⑦점차운영 ⑧보건장 ⑨집
상 ⑩고기어 ⑪왕기고

정답

【가로】

1. 사생대회에 나타난 양껌을 본 무민은 양껌의 정수리를 ○○으로 내리치고 무차별 폭행함.

2. 황태자 또는 양껌이란 별명을 가진 인물. 든든한 가정환경과 좋은 성적, 잘생긴 외모와 인기까지 무엇 하나 빠지지 않지만 온갖 악행을 저지름.

3. 무민이 순희를 관찰하고 기록한 보고서의 제목.

4. 양껌의 부모는 대한고등학교 ○○○이라는 지위를 이용하여 아들의 잘못을 덮기 위해 권력을 행사함.

5. 순희가 칼로 손목을 그으려고 하는 순간 무민은 베란다 난간을 통해 들어가 순희의 ○○을 막음.

6. 서연은 양껌과 그 일행이 저지른 짓의 유일한 ○○○이지만 양껌의 부모에게 협박을 받아 사실을 말하지 못함.

7. 박세만 선생님은 무민에게 ○○을 면하게 해주겠다며 순희가 제적당하기 전까지 학교에 데리고 오라고 함.

8. 아무도 없이 혼자 지내는 순희의 상황. 의지할 데 없이 외롭고 고요하고 쓸쓸함.

9. 순희는 주변 사람들과 자신을 지키기 위해 양껌이 저지른 사건의 진실을 밝히기로 결심하고 자신이 겪은 일을 기록함. 자신이 목격했거나 경험한 일을 자세하게 기록한 문서.

10. 비상등에 감시카메라를 설치해 순희를 관찰하던 무민은 ○○○○○ 검사로 동네가 정전된 일 때문에 순희에게 발각됨.

11. 이 책을 쓴 작가의 이름.

12. 순희가 유일하게 먹는 최소한의 영양식.

13. 양껌과 양껌 부모의 행태를 바라보는 사람들의 심정. 눈으로 차마 볼 수 없음을 뜻하는 사자성어.

【세로】

① 순희처럼 모든 사회 활동을 거부한 채 집 안에만 틀어박혀 지내는 사람. 은둔형 ○○○.

② 집으로 가던 무민은 순희의 집에서 나는 연기를 보고 무작정 뛰어 들어가 순희를 구함. 아파트 주민들은 이 ○○○○을 순희가 벌인 일이라고 오해함.

③ 순희의 가장 친한 친구. 유일하게 순희네 집에 출입할 수 있는 사람.

④ 양껌 일행이 아파트 근처 공사장 컨테이너 박스를 자신들의 ○○○로 삼아 온갖 나쁜 짓을 함. '집합소'라는 뜻.

⑤ 사생대회 날에 무민은 순희의 ○○○로 순희 옆에 딱 붙어있음.

⑥ 양껌 엄마는 아들의 복학을 위해 박세만 선생님에게 순희의 ○○○를 받으라고 강요함. 스스로 학교를 그만두겠다는 내용을 적은 양식.

⑦ 양껌은 자신이 학교를 그만둔 이유를 순희의 책임으로 돌리고 복수하려고 함. 잘못한 사람이 도리어 잘한 사람을 나무라는 경우를 이르는 말의 사자성어.

⑧ 무민은 혜령과 헤어진 아픔 때문에 체육시간에 열을 핑계 삼아 이곳에 누워 있었음.

⑨ 병원에 입원한 순희를 찾아온 양껌의 부모는 그날의 사건을 덮기 위해 순희와 서연을 끊임없이 협박하여 결국 사건의 ○○을 밝히지 못함. 진짜 모습 그대로의 형상을 뜻함.

⑩ 학교에 다시 나온 순희가 무민의 지리 교과서에 자신의 심경을 짧게 쓴 내용. 무민아, '○○○'.

⑪ 무민이 길에서 주운 강아지를 순희에게 키우라고 주자 '얀마'라고 이름 지음. 버려진 개를 뜻하는 말.

되새김 발문 : 내용을 되새겨 보아요

1. 무민과 순희의 담임 선생님 이름은 박세만입니다. 아이들이 선생님의 이름 대신 부른 별명은 무엇인가요? (7쪽)

2. 무민은 옆집 사는 순희가 집에서만 지낸다는 이야기를 들었습니다. 순희처럼 모든 사회 활동을 거부한 채 집 안에만 틀어박혀 지내는 사람을 무엇이라고 부르나요? (15쪽)

3. 무민과 담임 선생님이 순희를 관찰하고 보호할 목적으로 순희의 방에 설치한 것은 무엇인가요? (26쪽)

4. 무민은 학교에서 퇴학당하지 않는 조건으로 담임으로부터 두 가지의 임무를 부여받습니다. 무민이 부여받은 임무로 ○○에 해당하는 말은 무엇인가요? (26쪽)

> 순희를 ○○하는 것, 순희를 학교에 나오게 하는 것

5. 순희를 학교로 데리고 나와야 하는 미션 때문에 초조해진 무민은 순희네 집으로 몰래 들어갔다가 순희에게 들켜 기절했습니다. 순희는 무엇을 사용해 무민을 기절시켰나요? (62쪽)

6. 휴대폰 영상에서 순희의 위험한 행동을 본 무민은 순희의 행동을 제지하기 위해 어느 곳을 통해 순희네 집으로 들어갔나요? (94쪽)

7. 순희네 집에 불이 났을 때 사람들은 순희가 불을 냈다고 오해했지만 실제

로는 이 사람이 저지른 일입니다. 양껌이라는 별명을 가진 이 사람은 누구인 가요? (97쪽, 126쪽)

8. 사람 찾아 달리기 경주에서 황태는 순희와 함께 달려서 1등을 했습니다. 황태의 쪽지에는 뭐라고 쓰여 있었나요? (102쪽)

9. 감시카메라로 순희의 일거수일투족을 관찰하던 무민은 지하 변전실 검사 중에 일어난 일 때문에 발각되고 맙니다. 비상등에 설치한 감시카메라가 들통 난 것은 무슨 일 때문이었나요? (112쪽)

10. 학교에 다시 나온 순희는 무민의 지리 교과서 56쪽 맨 왼쪽 아래 칸에 자신의 심경을 짧게 썼습니다. 순희가 쓴 글은 무엇이었나요? (187쪽)

11. 무민은 순희에 대한 보고서를 완성했지만 더 이상 순희를 속이고 싶지 않았습니다. 무민이 순희를 관찰하고 기록한 보고서의 제목은 무엇인가요? (209쪽)

12. 화를 참지 못하고 양껌에게 폭력을 휘두른 무민은 결국 대안학교로 전학을 가게 됩니다. 답답한 마음을 씻기 위해 나간 홍대거리에서 무차별 폭행을 당하는 누구를 보았나요? (235쪽)

정답

1. 빡세 | 2. 은둔형 외톨이 | 3. 감시카메라 | 4. 보호 | 5. 가스총 | 6. 베란다 | 7. 김황태
8. 여자친구 | 9. 정전 | 10. 무민아, 고마워 | 11. 옆집 아이 보고서 | 12. 혜령

해석적 발문 : 다양하게 생각해 보아요

1. 집 안에서만 지내고 있는 순희에게 담임 선생님은 어항과 화분을 주었고, 무민은 길에서 주운 강아지를 순희에게 키우라고 줍니다. 담임 선생님과 무민의 선물에는 각각 어떤 의미가 있을까요? (29쪽)

2. 순희는 사람들과 이야기를 나누지는 않지만 외부 세계에 관심이 전혀 없는 것은 아닙니다. 여러분은 순희의 본심이 무엇이라고 생각하나요?

3. 순희는 떡을 좋아했지만 지금은 우유밥 이외의 음식은 먹지 않습니다. 순희는 왜 다른 음식을 먹으려고 하지 않을까요? (38쪽)

4. 순희는 다시 학교로 돌아올 수 있었던 것이 무민이 덕분이라고 합니다. 무민은 괴로운 마음에 자신이 순희에게 접근했던 모든 사실을 고백하려고 하지만 결국 말하지 못합니다. 무민은 왜 그간의 일을 선뜻 고백하지 못했을까요? (201~202쪽)

5. 퇴학을 면하기 위해 어쩔 수 없이 순희를 관찰했던 무민은 어느 순간 순희에 대한 감정이 바뀌어 있음을 알게 됩니다. 순희에 대한 무민의 마음이 '관찰'에서 '관심'으로 바뀐 것은 언제부터라고 생각하나요?

선택적 발문 : 입장을 선택해 보아요

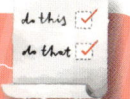

1. 순희를 다시 학교로 돌아오게 하려고 담임은 무민에게 임무를 줍니다. 학교가 또래 아이를 통해 학생 문제를 해결하려는 것에 대해 여러분은 어떻게 생각하나요? (26쪽)

☐ 적절한 방법이다   ☐ 적절하지 않은 방법이다

이유 ....

2. 황태는 온갖 나쁜 짓을 저지르지만 미성년자라는 이유로 면죄부를 받습니다. 만 14세 미만의 청소년은 범죄를 저질러도 형사 처분을 할 수 없도록 규정되어 있기 때문입니다. 그러나 청소년 범죄가 날로 심해짐에 따라 처벌을 강화해야 한다는 의견과 처벌보다는 교육을 통해 올바른 길로 이끌어야 한다는 의견이 팽팽히 맞서고 있습니다. 여러분은 어떤 의견이 더 효과적이라고 생각하나요? (150쪽, 180쪽)

☐ 처벌을 강화해야 한다   ☐ 교육을 강화해야 한다

이유 ....

3. 서연은 순희에게 어떤 일이 있었는지 알고 있었지만 순희가 원하는 대로 그 일에 대해 모르는 척했습니다. 여러분은 서연의 행동을 어떻게 생각하나요? (154쪽)

☐ 공감한다   ☐ 공감하지 않는다

이유 ....

4. 무민은 '옆집 아이 보고서'를 준비하는 동안 순희의 자살 시도를 막고 순희와 친구가 되었습니다. 순희는 학교에 다시 나오게 되었고, 순희를 괴롭혔던 사건의 진실도 알려지게 되었습니다. 게다가 학교는 성과를 내어 좋은 평가를 받았습니다. 여러분은 '옆집 아이 보고서'로 가장 혜택을 받은 사람이 누구라고 생각하나요? (217쪽)

> 어차피 이 문제에 대한 정답은 없지만 결과적으로 알려야 한다는 게 빡세의 주장이었다. 그 주장 역시 설득력은 없어보였지만 나는 아무런 말도 할 수 없었다. 순희의 관찰 보고서를 읽은 몇몇의 학생들이, 그들의 인생이 조금은 바뀔지 모르겠다. 그러나 그를 위해 한 사람이 치러야 하는 감내가 너무 큰 거 아닐까? 순희의 인생은 발가벗긴 것처럼 그들에게 낱낱이 까발려질 것이다. 그걸 감당하기에 녀석은 아직 상처가 아물지 않았는데 말이다. 녀석을 생각하니 조바심이 났다. 내 안의 악마는 어쩔 수 없는 선택이라고 속삭이고 있지만 내 안의 천사는 순희를 더 아프게 할지도 모른다고 염려하고 있었다.

☐ 순희   ☐ 학교   ☐ 무민

이유 _____

사색적 발문 : 생각을 넓혀 보아요

1. 집에서 은둔 생활을 하고 있는 순희에게 무민은 최소한 고등학교 졸업장이라도 있어야 한다며 학교에 다시 나가자고 합니다. 여러분에게 학교 졸업장은 어떤 의미인가요? (68~69쪽)

2. 무민과 헤어진 혜령은 황태를 만납니다. 황태는 대한고등학교 이사장의 아들이라는 든든한 배경과 잘생긴 외모에 인기도 많지만 온갖 나쁜 짓을 일삼는 두 얼굴을 가졌습니다. 여러분이 생각하는 멋진 남자, 멋진 여자의 기준은 무엇인가요? (91쪽)

3. '옆집 아이 보고서' 발표 후 순희는 결국 학교를 자퇴하고 다시 예전처럼 은둔형 외톨이로 돌아갑니다. 무민은 이런 순희를 다시 세상 밖으로 나오게 하기 위해 마을 주민들에게 도움을 요청합니다. 다시 상처받은 순희를 위해 어떤 노력을 할 수 있을까요? (239쪽, 241쪽)

학교 :

사회(이웃 주민) :

가정 :

북돋움 활동 1

옆자리 아이 관찰 보고서

순희의 상처를 알게 된 것은 무민의 관찰 덕분입니다. '관찰'하는 것으로 그 대상에 대해 애정이 생기고 그의 메시지에 더 귀 기울이게 됩니다. 함께 토론하고 있는 여러분의 친구들은 어떠한가요? 그들의 토론 모습과 발언을 관찰하고 기록해 보면서 그들의 생각과 메시지를 잘 파악해 봅시다.

규칙

나의 왼쪽 친구	나	나의 오른쪽 친구
토론시간에 이 친구가 하는 **발언**만 기록합니다.		토론시간에 이 친구가 하는 **행동**만 기록합니다.

옆자리 아이 관찰 보고서

나의 왼쪽 친구	나의 오른쪽 친구
예) 옆집 아이 보고서의 최대 수혜자를 무민으로 생각했다. 퇴학을 면하고 선생님에게 신임을 얻었기 때문이다.	예) A가 발언할 때 머리를 갸우뚱거렸다. 그러나 그것에 대한 반대 발언은 하지 않았다.
관찰 결과	
예) 이 책을 무민의 입장에서 많이 생각한 것 같다.	예) 토론 시간에 조용히 듣는 편이지만 토론자를 바라보지 않고 시선을 내리깔고 책을 만지는 경우가 많아 경청하는 자세가 좀 부족하다.

Tip! 발문 뽑는 요령

독서토론에 대한 이론적 지식이 많다 하더라도 실제 토론에서 무엇을 이야기할지 준비하지 않으면 토론이 어렵습니다. 읽은 책으로 이야기 나눌 수 있게 책의 내용을 여러 관점에서 생각하도록 유도하는 질문을 발문이라고 합니다. 다양한 발문이 나오면 독서토론은 한결 수월하고 풍성해집니다. 그동안 발문 뽑는 것이 어려워 독서토론이 부담스러웠다면 지금부터 소개하는 팁이 도움이 되길 바랍니다.

1. 마법의 언어를 사용하라

옛이야기에 나오는 요술 항아리에는 달콤한 꿀이 들어 있어 한 번 맛을 보고는 멈출 수가 없었지요. 독서토론에서는 발문이 요술항아리와 같습니다. 끊임없이 책 이야기가 이어지는 마법의 언어를 활용하면 어떤 책으로도 쉽게 독서토론을 즐길 수 있게 됩니다.

① 왜

> 예1. 왜 그랬을까요?
> 예2. 왜 그렇게 생각하나요?
> 예3. 왜 그렇게 행동했을까요?

'왜'라는 물음은 상대방에게 이유를 묻습니다. '나의 생각'에 대한 근거를 찾아보게 하는 것이지요. 작품의 의도를 분석하고 논리적으로 따져 묻기에 왜라는 질문만으로도 책 속에서 끄집어낼 만한 이야깃거리가 무궁무진해집니다. 또 등장인물의 선택이나 갈등 상황에서 왜 그렇게 할 수밖에 없었는지 작가의 생각이나 내용의 의미를 파악해 볼 수 있습니다.

② 어떻게

> 예1. 어떻게 생각하나요?
> 예2. 어떻게 되었을까요?
> 예3. 어떻게 바뀌었을까요?

'어떻게'라는 단어는 인물의 행동이나 태도에 대해 생각해 보게 하고, 책에 대한 내 생각을 정리하게 합니다. 또 어떻게 생각하는지 물었을 때 물음 전에 생각하지 못했던 것을 다시 짚어 보게 하는 효과가 있습니다.

③ 만약에

> 예1. 만약에 너라면…….
> 예2. 만약에 다른 선택을 했더라면…….
> 예3. 만약에 뒷이야기를 바꾼다면…….

'만약에'라는 물음은 무한한 상상의 나래를 펼치고 이야기를 이어갈 수 있게 합니다. 또 등장인물의 상황을 자신의 경험과 생각에 비추어 이야기할 수 있습니다. 책 속의 뒷이야기를 생각해보고 새로운 이야기를 창조해 낼 수 있습니다.

2. 많으면 많을수록 좋다

조그만 가게보다 큰 시장에 가면 물건을 고를 수 있는 선택의 폭이 넓어집니다. 발문도 마찬가지입니다. 많은 발문을 가지고 토론하면 나눌 말이 더 많습니다. 책을 통해 나누는 모든 이야기가 다 발문이 될 수 있습니다. 어떤 의견도 비난받을 것이 없습니다. 브레인스토밍으로 책을 읽고 자유롭게 떠오르는 생각을 모두 적어봅니다. 흘러나오는 생각이 곧 자유로운 토론으로 이어지고 창조적인 아이디어를 끌어낼 수 있습니다.

3. 키워드를 찾아라

인상 깊게 다가왔던 인물, 물건, 가치, 장소 등의 키워드로 발문을 만들 수 있습니다. 인물 키워드로는 그 사람을 소개하는 방식으로 이야기를 풀어 갑니다. 물건과 장소 키워드로는 작품에서 어떤 역할을 했고, 상징하는 바가 무엇인지 발표해 볼 수 있습니다. 가치 키워드는 누구를 통해 또는 어떤 상황에서 그 가치가 분명하게 드러나는지를 이야기해 봅니다.

4. 별점을 매겨 보라

그래도 발문 뽑기가 막막하다면 별점을 활용하는 방법도 있습니다. 별점을 소개하다 보면 자연스럽게 책 이야기가 나오는 발문 역할을 합니다. 토론 시작 전에 별 다섯 개 만점을 기준으로 별점을 매겨 봅니다. 별점을 준 이유가 책에 대한 전반적인 평가와 소감이 될 수 있습니다. 토론이 끝난 뒤에도 별점을 활용할 수 있습니다. 토론 전후의 별점을 비교하여 책에 대한 이해도와 토론 과정을 통해 달라진 평가를 듣는 것도 흥미롭습니다.

이렇게 발문 뽑기까지 된다면 독서토론의 3분의 2는 이미 완성된 것이나 마찬가지입니다. 발문 만드는 데 따로 정답이 있는 것은 아닙니다. 앞에서 소개한 내용 말고도 다른 방법으로 발문거리를 가져올 수 있습니다. 책 내용을 끄집어낼 수 있는 것이라면 무엇이든 발문거리가 될 수 있습니다. 즐겁고 편안하게 책 수다를 이어가다 보면 어느새 독서토론의 즐거움을 맛보게 될 것입니다.

4장
진짜 '나'를 찾는 모험

#9

미궁에 빠진 자,
의지와 용기로 탈출하라!

#두려움, #모험, #신화, #철학, #미궁, #용기, #지혜, #도전,
#믿음, #그리움, #자유, #억압, #해결, #자신감, #라비린토스

About the Book

미궁 : 테세우스와 미노타우로스
고명섭 지음, 사계절, 2015

미노타우로스를 죽이기 위해 미궁으로 들어간 테세우스는 자신의 마음에 집중하게 됩니다. 미궁을 설계하고 만든 다이달로스의 의도에 대해서도 생각하고 신의 마음도 헤아려 봅니다. 결국 테세우스는 미궁을 알아가는 것이 자신의 마음을 알아가는 일과 다를 바 없다는 것을 깨닫고 더 이상 미궁을 두려워하지 않게 됩니다.

미궁이 없다는 건 겉과 속, 앞면과 뒷면이 똑같다는 것으로 삶도, 모험도, 역사도 없다는 말이 됩니다. 그래서 우리는 살면서 맞닥뜨리는 미궁 같은 문제들 속에서 새로운 삶의 가치를 발견합니다. 신화를 소재로 '나는 누구인가'라는 철학적 고민을 함께 나눌 수 있는 작품입니다.

함께 보면 좋아요
『왜, 그리스 신화를 읽어야 하나요?』 이상기 지음, 자음과모음, 2016
『미술관에서 읽는 그리스 신화』 김영숙 지음, 휴먼어린이, 2011

낱말 퍼즐

가로 | 1.프레젠테이션 2.미드필더 3.조수 4.주인의 5.아이돌 6.인상적 7.캐릭터 8.기업가수 9.아버지 10.애향동 11.머리 12.헤어드라이

세로 | ①프레첼 ②테스트 ③이모 ④세라믹 ⑤쥐라기공원 ⑥피시방 ⑦사자 ⑧인기 ⑨안드로메다 ⑩사이즈 ⑪포테이토 ⑫그리움

정답

【가로】

1. 테세우스가 아버지가 없다고 놀림을 받자 외할아버지 피테우스가 ○○○○이 아버지라고 말해줌. 바다의 신.

2. 신의 저주로 미노스의 아내 파시파에와 수소 사이에서 태어난 반인반수의 괴물.

3. 크노소스 궁전의 지하 감옥은 다이달로스의 ○○ 하에 만들어짐. 주체적으로 이끌거나 지도함.

4. 아들이 없는 아이게우스가 아폴론 신전에서 받은 신탁 내용. '아테네 정상에 이를 때까지는 포도주 가죽 부대의 ○○○를 열지 말라'

5. 트로이젠 통치자의 막내딸. 테세우스의 어머니.

6. 테세우스는 미로 감옥을 탈출하기 위해 두려움과 싸우며 ○○○을 씀. 어떤 일을 이루기 위해 몹시 애씀.

7. 다이달로스는 아테네에서 건축과 기술 분야 최고의 명장. 자신의 명성을 위협하는 조카이자 제자였던 이 사람을 죽였다는 오해를 받아 크레타로 망명함.

8. 크레타를 떠난 테세우스와 아리아드네는 비바람을 만나 바다 위를 떠돌다 이 신을 만남. 테세우스에게서 아리아드네를 빼앗아 간 신. 포도나무와 포도주의 신.

9. 테세우스는 아버지를 만나기 위해 ○○○로 떠남. 현재 그리스의 수도.

10. 테세우스에게 첫눈에 반한 아리아드네는 지하 감옥 앞에서 ○○○○ 테세우스를 기다림. 자나 깨나 잊지 못함.

11. 반인반수의 ○○는 황소, 목 아래 몸은 사람.

12. 제우스와 알크메네 사이에서 태어난 그리스 최고의 영웅. 테세우스의 롤모델.

【세로】

① 미노스 왕의 부탁으로 아테네에 돌림병이 돌게 한 신. 그리스 신화의 최고 신.

② 디오니소스는 제우스의 아들로 헤라의 저주 때문에 광인이 되었지만 제우스의 어머니 레아가 광기를 고쳐줌. 그러나 이것을 마시면 사라졌던 광기가 다시 살아남.

③ 미노스의 왕이 반인반수의 괴물을 가두려고 크노소스 궁전에 만든 지하 감옥.

④ 테세우스가 만난 네 번째 상대. 자신의 발을 씻기려는 사람을 걷어차 낭떠러지 아래로 떨어뜨려 죽게 만듦.

⑤ 미노스 왕이 크노소스 궁전에 만든 지하 감옥의 또 다른 이름.

⑥ 테세우스가 만난 마지막 상대. '두들겨 늘이는 자'

⑦ 이카로스는 아버지의 경고를 잊고 너무 높이 날다가 결국 이 섬에 떨어져 죽음.

⑧ 다이달로스는 지하 감옥을 만드는 일에 집착해 ○○을 넘어선 세계를 창조하는 일처럼 느껴진다고 함. 미궁은 ○○의 내면을 발견하고 내면에 호소하는 일 같이 여겨진다고 함. 사람을 칭하는 다른 말.

⑨ 미노스 왕의 아들. 아테네에서 열린 육상경기에 크레타 대표선수로 참가하여 전 종목을 휩쓸었지만 오만한 태도로 아테네 젊은이들에게 미움을 받아 결국 죽임을 당함.

⑩ 테세우스가 여행 중 두 번째로 만난 상대. '소나무 구부리는 자'

⑪ 테세우스의 외할아버지. 트로이젠을 다스리는 사람.

⑫ 사람을 잡아먹는 반인반수 괴물이 사람 고기를 먹으면서 ○○○도 함께 먹는다고 함. 보고 싶어 애타는 마음.

되새김 발문 : 내용을 되새겨 보아요

1. 테세우스가 아테네로 가는 길에 만난 상대들을 연결해 보세요.

   ① 페리페테스 •   • ⓐ 주인 노파가 죽은 뒤 그의 이름으로 불린 암퇘지.

   ② 시니스 •   • ⓑ 청동으로 된 몽둥이를 들고 다녀서 '몽둥이 장사'

   ③ 파이아 •   • ⓒ '소나무를 구부리는 자'라는 별명을 가진 도적.

   ④ 스케이론 •   • ⓓ 레슬링 시합을 제안하여 몸통을 조임.

   ⑤ 케르키온 •   • ⓔ 자신의 발을 씻기게 한 뒤 걷어차서 낭떠러지로 떨어뜨림.

   ⑥ 다마스테스 •   • ⓕ 침대에 눕혀 늘이거나 줄이는 '두들겨 늘이는 자'

2. 테세우스는 할아버지가 다스리는 트로이젠을 출발해서 아버지 아이게우스가 다스리는 나라로 가기 위해 여행을 떠납니다. 이 나라는 어디인가요? (14쪽)

3. 포세이돈의 저주로 미노스의 아내 파시파에와 수소 사이에서 태어난 반인 반수의 괴물입니다. 다이달로스가 만든 미궁에 갇혀 사람을 잡아먹는 이 괴물은 누구인가요? (38쪽)

4. 미노스 왕은 포세이돈의 분노를 살까 봐 미노타우로스를 죽이지도 못하고 고민합니다. 그러다 다이달로스의 지혜를 빌려 궁전에 지하 감옥을 짓고, 이곳에 미노타우로스를 가두려 합니다. 이 지하 감옥을 무엇이라고 부르나요? (49쪽)

5. 아들이 죽자 미노스 왕은 복수심에 불타 아테네를 공격합니다. 그러나 아테네가 항복하지 않고 버티자 미노스 왕은 ○○○ 신에게 도움을 청합니다. ○○○ 신은 미노스 왕의 호소를 들어주어 아테네에 돌림병을 퍼트려 모든 가축과 사람을 병들게 합니다. 미노스 왕의 부탁을 들어준 이 신은 누구입니까? (59쪽)

6. 테세우스의 용맹함을 칭찬하기 위해 벌인 잔치에서 테세우스는 이것을 보여주고 자신의 정체를 밝힙니다. 아이게우스 왕이 피테우스의 딸 아이트라에게 '아들을 낳으면 이것을 찾아내 나에게 보내라'고 했던 두 가지 징표는 무엇인가요? (74쪽, 102쪽)

7. 아리아드네는 첫눈에 반한 테세우스가 무사히 미궁에서 빠져나오도록 누구에게 도움을 청했나요? (95쪽)

8. 도움을 요청하는 아리아드네에게 실꾸리를 준 다이달로스는 그것보다 더 중요한 것은 무엇과 무엇이라고 했나요? (95쪽)

9. 아들 이카로스와 함께 절벽에 갇힌 다이달로스는 절벽에서 나가 자유를 되찾기 위해 깃털을 모았습니다. 새의 날개 모양을 만들기 위해 무엇으로 깃털을 이어 붙였나요? (145쪽)

10. 제우스의 아들인 디오니소스는 헤라의 저주를 피하지 못해 광인이 되었으나 제우스의 어머니 레아가 디오니소스의 광기를 고쳐주었습니다. 하지만 디오니소스는 무엇을 먹으면 광기가 다시 살아나나요? (159쪽)

정답

1. ①-ⓑ, ②-ⓒ, ③-ⓐ, ④-ⓔ, ⑤-ⓓ, ⑥-ⓕ | 2. 아테네 | 3. 미노타우로스 | 4. 미궁(라비린토스) | 5. 제우스 | 6. 칼, 가죽신 한 켤레 | 7. 다이달로스 | 8. 의지와 용기 | 9. 밀랍 | 10. 포도주

해석적 발문 : 다양하게 생각해 보아요

1. 미노타우로스는 반인반수로 태어났지만 인간의 마음도 가지고 있었습니다. 그런 미노타우로스가 괴물로 살 수밖에 없었던 이유는 무엇이라고 생각하나요? (48쪽)

2. 다이달로스는 미노타우로스를 가두기 위해 미궁을 짓습니다. 그 과정에서 미궁을 만드는 일이 삶을 알아가는 일과 다를 게 없다고도 생각합니다. 다이달로스는 왜 이런 생각을 하게 되었을까요? (53쪽)

3. 미궁으로 들어간 테세우스는 자신의 마음에 집중하게 됩니다. 미궁을 설계하고 만든 다이달로스의 의도에 대해서도 생각하고 신의 마음도 헤아려 봅니다. 그러다가 두려움에 휩싸이기도 합니다. 미궁 속에서 테세우스가 가장 크게 느낀 두려움은 무엇이었을까요? (87~88쪽)

4. 어린 테세우스가 아버지가 없다고 놀림당할 때마다 외조부 피테우스는 포세이돈이 아버지라고 알려줍니다. 테세우스는 자신이 포세이돈의 아들이라고 믿으니 기분이 좋아졌습니다. 피테우스의 말이 테세우스에게 어떤 영향을 주었다고 생각하나요? (103쪽)

5. 하늘을 날게 된 이카로스는 신이 된 것 같은 자유를 느끼고 아버지의 경고를 잊은 채 너무 높이 날다 떨어져 죽고 맙니다. 진정한 자유를 알기 위해서는 구속에 대해서도 알아야 합니다. 이카로스의 죽음을 통해 자유와 구속의 장단점에 대해 생각해 봅시다. (150~151쪽)

> 이카로스는 진짜 자유는 오히려 한계 안에, 제약 안에 있다는 것을 알지 못했고, 절도가 자유의 조건이라는 것을 알지 못했다. 도시의 규범이 틀을 지어주므로 시민들이 자유를 누릴 수 있고, 법률과 규칙의 제약이 있으므로 사람들이 서로 충돌하지 않을 수 있다는 것을 이카로스는 알지 못했다.

	장 점	단 점
자유		
구속		

선택적 발문 : 입장을 선택해 보아요

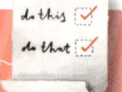

1. 아버지를 만나기 위해 아테네로 떠나는 테세우스에게 외조부 피테우스는 안전한 뱃길을 권합니다. 그러나 테세우스는 안전한 길보다는 산길을 선택해 여행하려고 합니다. 여러분이 테세우스라면 안전한 뱃길과 모험 가득한 산길 중에 어떤 것을 선택할 건가요? (13~14쪽)

☐ 안전한 뱃길   ☐ 모험 가득한 산길

이유 _____

2. 아버지를 만난 기쁨도 잠시 테세우스는 제비뽑기로 선정된 젊은이들과 함께 미노타우로스의 미궁으로 들어가겠다고 합니다. 여러분은 테세우스의 결정에 대해 어떻게 생각하나요? (77쪽)

> "아테네 주민들이 저렇게 슬퍼하고 있는데, 그걸 외면하는 건 도리가 아닙니다. 그리고 저 사람들의 말을 들어 보세요. 왕은 아무것도 내놓지 않고 백성들만 자식들을 사지로 보낸다고 불만이 폭발할 지경이에요. 이런 불만을 그냥 두어선 안 됩니다. 제가 가야 사람들의 마음도 얻고 도시도 안정이 될 겁니다. 저 울음소리를 잠재우지 않고는 제가 아버지 뒤를 잇더라도 마음이 편하지 않을 겁니다."

☐ 공감한다   ☐ 공감하지 않는다

이유 _____

3. 테세우스는 정의와 의로움이라는 명목으로 여러 산적들을 죽였습니다. 그것을 알고 있는 미노타우로스는 미궁 속에서 사람을 잡아먹는 자기와 별다를 바가 없다고 말합니다. 여러분은 누구의 말에 공감하나요? (127~128쪽)

> ☐ 테세우스 ☐ 미노타우로스
>
> 이유 ....

4. 미궁 속에서 미노타우로스를 죽인 테세우스는 여러 가지 복잡한 감정과 생각들에 빠집니다. 미노타우로스는 테세우스에게 힘으로 진 것일까요, 아니면 스스로 죽음을 받아들인 것일까요? (132~133쪽)

> '아무리 생각해도 미노타우로스가 너무 쉽게 죽은 것 같다. 마라톤 평원의 미친 소와 싸울 때가 오히려 더 위험했던 것 같아. 너무 긴장한 탓이었을까. 엄청난 괴물이라고만 생각했는데 그보다 쉽게 죽으니 이런 생각이 드는 걸까. 미노타우로스를 만날 때까지가 끔찍하게 길긴 했지만, 정작 미노타우로스를 대하고는 오히려 공포심이 줄어들었어. 미노타우로스가 나를 죽일 생각이었으면 얼마든지 죽일 수 있지 않았을까.
> (중략)
> 미노타우로스는 정말로 죽고 싶어서 나를 기다리고 있었던 걸까. 미노타우로스 말대로 우리는 한 핏줄인 걸까. 미노타우로스는 자기 속에 있는 말을 할 수만 있으면 언제든 죽음을 받아들일 생각이었던 것일까…….'

> ☐ 테세우스가 힘이 더 셌다   ☐ 미노타우로스 스스로 죽음을 받아들였다
>
> 이유 ....

사색적 발문 : 생각을 넓혀 보아요

1. 테세우스에게 헤라클레스는 경쟁자이자 성장할 수 있게 도와주는 존재입니다. 여러분에게도 헤라클레스와 같은 롤모델이 있다면 소개해주세요. (15~16쪽)

나의 롤모델

2. 피테우스는 여러 갈등 상황에서 선택의 기로에 놓입니다. 피테우스가 다른 선택을 했다면 이야기는 달라졌을 것입니다. 만약 여러분이라면 피테우스의 어떤 선택을 바꾸고 싶은가요?

- ☐ 피테우스가 아버지를 찾아 아테네로 떠날 때 바닷길을 선택했다면
- ☐ 아버지 아이게우스를 만나고 미궁에 들어가지 않았다면
- ☐ 미궁에서 미노타우로스를 죽이지 않았다면
- ☐ 아테네로 돌아오던 테세우스가 흰 돛을 달았더라면

3. 미궁에 나오는 인물 중 가장 공감되는 인물은 누구인지 선택하고 그 이유를 이야기해 주세요.

- ☐ 미노타우로스 ☐ 테세우스 ☐ 이카로스
- ☐ 다이달로스 ☐ 아리아드네 ☐ 그 외 (   )

이유 :

북돋움 활동 1

나의 미궁을 탈출하라!

미궁 속의 미노타우로스는 누구에게나 두려운 존재이지만 테세우스는 두려움을 극복하고 맞서 싸우러 미궁 속으로 들어갑니다. 직접 부딪쳐 싸우지 않으면 두려움은 해결되지 않고 더 큰 두려움을 만듭니다. 여러분이 마주하고 있는 미궁은 어떤 것들인가요? 또한 그 두려움을 극복하는 방법은 어떤 것들이 있나요?

나의 미궁(해결 문제) :

나의 아리아드네(조력자) :

나의 실꾸리(해결 방법) :

나의 미노타우로스(장애물) :

#10
낯선 바람 속에서 진짜 자신을 만나다!

#자존감, #소통, #가족, #여행, #SNS, #성장, #몽골, #고비사막, #외로움, #공감, #우정, #꿈, #버킷리스트, #배려, #성형

About the Book

열흘간의 낯선 바람
김선영 지음, 자음과모음, 2016

이든은 '초록여신'이라는 닉네임으로 수많은 팔로우를 거느린 인스타그램 스타입니다. 그러나 보정으로 만들어 낸 SNS 속의 모습과는 다른 자신의 모습에 성형수술을 하겠다고 우기고 그런 이든에게 엄마는 몽골 여행을 제안합니다.

낯선 사람과 열흘 동안 함께해야 하는 것도 두려운데 핸드폰까지 먹통이 되자 자신이 고립된 섬처럼 여겨집니다. 그런데 이든은 핸드폰을 놓고 나서야 비로소 자신과 주변 사람들이 보이기 시작합니다. 새롭고 두려운 낯선 바람 속에서 친구들을 많이 사귀어 오라고 한 엄마의 미션을 알 것도 같습니다.

나는 '나'를 잘 안다고 할 수 있을까요? 가끔 '핸드폰 없이 살기'로 나와 주위를 돌아보면 좋겠습니다.

함께 보면 좋아요
『안녕, 바람』 강미 지음, 탐, 2015
『내 이름은 망고』 추정경 지음, 창비, 2011
『바람을 만드는 소년』 폴 플라이쉬만 지음, 천미나 옮김, 책과콩나무, 2008

낱말 퍼즐

가로 | 1.운동 2.오락 3.동양화보트 4.사진작가 5.운동 6.묵사지사장 7.테니데비어 8.가수 9.드럼이 10.수세미 11.인스턴트그림 12.사자까지 13.도시

세로 | ①고피자이다 ②운동 ③아파트 ④케토 ⑤가위집 ⑥용장감 ⑦짱시입 ⑧쓰다니다 ⑨동양수 ⑩바리스다스트 ⑪게이미룽 ⑫편지 ⑬학지

정답

【가로】

1. 이든 엄마의 대학 후배. 몽골 여행의 총 인솔자.

2. 허단이 친구를 따라갔다가 시작하게 된 운동. 전국대회와 소년체전에서 우승까지 했지만 고된 훈련과 잦은 부상으로 체력적 한계를 느껴 그만둠.

3. 이든이 본격적으로 여행을 시작했던 역의 이름.

4. 이든 아빠의 직업. 대상을 정하여 예술성 있는 사진을 촬영하는 사람.

5. 빛나가 죽은 뒤 집에 돌아온 엄마와 이든은 서로의 ○○로 들어감. 자신의 상처나 감정을 스스로 치유할 수 있는 심리적·물리적 공간을 비유하는 곳.

6. 외부와 단절된 여행이 지루해지자 우석이 멤버들에게 제안한 게임. '열흘간의 ○○○○'

7. 빛나가 죽기 전 이든에게 문자메시지로 먼저 보냈던 이든의 물건.

8. 경우가 자신의 친구와 함께 이든에게 보인 거만스러운 태도.

9. 경우가 직접 만나자고 제안하자 이든은 생각과 마음이 ○○○를 했다고 함. 서로 머리나 멱살을 움켜잡고 싸우는 짓.

10. 허단은 이든을 꽃이 아닌 이것에 비유함. 고비사막에 듬성듬성 나 있는 억센 풀 같은 ○○○.

11. 이든이 자신의 사진을 보정하여 올린 사진 공유 애플리케이션의 이름. SNS의 하나.

12. 이든의 아빠는 엄마보다 경제력이 부족한 자신을 두고 이런 마음이 들어 괴로워함. 자신이 이룬 일의 결과에 대해 스스로 미흡하게 여기는 마음.

13. 여행에서 잔심부름과 힘이 필요한 부분을 돕겠다고 나선 대학생의 이름.

【세로】

① 이든의 엄마가 가보고 싶었던 곳.

② 이든을 여행 보내려고 엄마가 몰래 준비한 여행지. 아시아의 내륙국. 세계에서 인구 밀도가 가장 낮은 나라.

③ 우석은 SNS에서 이것으로 가상의 여자친구를 사귐. 사이버 공간에서 사용자의 역할을 대신하는 애니메이션 캐릭터.

④ 몽골 유목민들의 이동식 집. 중국어로는 '파오'라고 함.

⑤ 어린 시절 핑크할머니는 선보러 가는 언니의 수박색 저고리와 연분홍 치마가 샘이 나서 ○○○을 함.

⑥ 시간이 지날수록 멤버들이 서로에게 느낀 감정. 성질이 서로 비슷해서 익숙하거나 잘 맞는 느낌.

⑦ 허단은 이든의 엄마가 아빠의 ○○○이라고 의심함. 처음 하는 사랑.

⑧ 여행이 끝나고 이든을 찾아온 허단에게 현욱은 자신이 이든의 ○○○○라고 소개함.

⑨ 허단의 안내에 따라 불빛을 끄고 누워 밤하늘을 바라보자 눈에 들어온 것. 하늘 한가운데에서 하얀 띠로 흐르는 별들의 무리.

⑩ 핑크할머니가 여행에서 줄곧 핑크색 옷을 입었던 것은 죽기 전에 꼭 하고 싶었던 ○○○○○ 중 하나를 실천한 것.

⑪ 허리 수술 후 누워서 천장만 바라보던 할머니가 천장 모서리에서 본 것. 할머니는 이것이 모기를 잡아줬다고 생각함.

⑫ 비행기 안에서 엄마가 이든에게 읽어보라며 화보집 사이에 넣어준 것.

⑬ 초원 여행 중 ○○에 누워 별무리가 쏟아지는 밤하늘을 보며 이야기함. 얇고 넓적하게 뜬 돌.

되새김 발문 : 내용을 되새겨 보아요

1. 이든은 자신의 사진을 보정해 인스타그램에 올리는 것이 취미입니다. 중학교 때 좋아했던 남자아이가 그 사진을 보고 이든에게 연락을 합니다. 인스타그램에서 '루팡'이라는 닉네임을 사용하는 남자아이는 누구인가요? (10쪽)

2. 이든은 틈날 때마다 SNS에 빠져있어 엄마에게 눈총을 받습니다. 그러나 SNS 속 세상이 현실보다 생동감 있게 느껴져 멈출 수가 없습니다. 인스타그램에서 사용하는 이든의 닉네임은 무엇인가요? (23쪽)

3. 엄마는 이든을 위해 몽골 여행을 준비합니다. 우주 속에 '나'를 실감하고 싶을 때 엄마가 가보라고 한 곳은 어디인가요? (50쪽)

4. 공항에서 만난 여행 동반자 중 몸맵시가 정연하고 걸음걸이도 춤사위를 밟는 것처럼 가붓한 할머니가 있습니다. 몽골 여행에서 이든과 방을 함께 쓰게 된 할머니는 온통 무슨 색깔로 치장했나요? (58~59쪽)

5. 비행기 안에서 열어 본 이든의 가방에는 엄마가 넣어준 몽골의 역사·문화에 관한 책과 몽골의 풍광을 찍은 화보집이 들어 있었습니다. 그것 외에 엄마가 특별히 비행기 안에서 읽어보라며 이든에게 준 것은 무엇인가요? (71쪽)

6. 이든은 소통 도구였던 이것이 제대로 되지 않자 고립된 섬이 된 것 같았습니다. 몽골 여행의 첫날부터 먹통이 되었던 것은 무엇인가요? (89쪽)

7. 초원을 가로질러 가던 중 이든은 선로 양쪽에 있는 이것을 보고 의아해합니다. 우석은 양들이 물이나 풀을 찾아 철길로 뛰어드는 것을 막기 위해 설치한 것이라고 알려주었습니다. 그들이 창밖으로 보았던 것은 무엇인가

요? (107~108쪽)

8. 우석은 일행들의 지루함을 달래기 위해 한때 SNS에서 유행했던 〈20일간의 낯선 사람〉이라는 프로그램을 소개했습니다. 열흘 동안 함께 여행하게 된 그들이 이것을 패러디하여 만든 게임은 무엇인가요? (116쪽)

9. 이든은 몽골 초원에 누워 이것을 보았을 때 우주와 처음으로 조우한 느낌을 받았습니다. 혜성의 먼지들이 우주 속에 떠돌다 지구의 공기층과 부딪히며 탈 때 보이는 이것을 부르는 말은 무엇인가요? (137쪽)

10. 〈열흘간의 낯선 사람〉 멤버 중 SNS 속 여자친구 덕분에 무채색에서 매력적인 컬러로 탈바꿈했다고 하는 사람은 누구인가요? (142쪽)

11. 몽골에서 돌아오는 날 이든은 면세점에서 엄마에게 줄 선물을 삽니다. 이든이 고른 선물은 무엇인가요? (196쪽)

12. 몽골 여행을 마치고 돌아온 이든에게 엄마는 상자 하나를 내놓습니다. 그 상자 안에는 무엇이 들어있었나요? (208~209쪽)

정답

1. 경우 | 2. 초록마녀 | 3. 고비 사막 | 4. 핑크색 | 5. 편지 | 6. 휴대폰 | 7. 가시철조망 | 8. 열흘간의 낯선 사람 | 9. 별똥별 | 10. 우석 | 11. 실크스카프 | 12. 테디베어

해석적 발문 : 다양하게 생각해 보아요

1. 엄마가 고비 사막으로 가는 여행을 권하자 이든은 어렸을 때부터 외로웠던 자신은 그곳에 갈 필요가 없다고 말합니다. 엄마가 고비 사막에서 느껴보라고 하는 외로움과 평소에 이든이 느낀 외로움은 어떻게 다를까요? (50쪽)

2. 여행을 떠나는 이든에게 쓴 엄마의 편지에는 성별, 나이, 동식물을 떠나 친구들을 많이 사귀어 오라는 미션이 적혀 있었습니다. 여러분은 이든이 몽골 여행에서 사귄 친구가 누구(무엇)라고 생각하나요? (73쪽)

3. 핸드폰이 먹통이 되자 이든은 세상에 혼자 고립된 것처럼 불안합니다. 그러나 핸드폰을 집어넣자 그제야 주변 사람들이 보이기 시작했습니다. 핸드폰이 없을 때 이든에게 생긴 긍정적인 변화는 무엇일까요? (100~101쪽)

4. 허단은 주목받는 럭비 선수였지만 고된 훈련과 잦은 부상으로 체력의 한계를 느꼈습니다. 그런 허단은 아빠에게 럭비를 그만두는 이유에 대해 다음과 같이 횡설수설합니다. 허단의 마음을 헤아려 보고, 그의 마음을 표현할 수 있는 감정 단어를 골라 이야기해 봅시다. (153쪽)

> 그날 아빠에게, 마음이 변한 건 소나기 때문이라고 바람 탓인 거 같다고, 해가 기울었기 때문이라고 아니 토요일이었기 때문이라고 횡설수설하며 얘기를 늘어놓자, 아빠는 말없이 나를 안아주었다. 아빠는 예상하고 있었던 듯 가만가만 나의 등을 쓸었다. 순간 울음이 터졌다.
> "너무 힘들어. 너무 힘들어서 못 하겠어."

감정 단어 예: 고통, 사랑, 두려움, 불안, 긴장, 망설임, 혼란, 허무, 의기소침, 슬픔, 미안함, 절망 등

감정 :

이유 :

5. 고비사막을 걷던 이든과 허단은 우연히 야생말 떼가 물 먹는 모습을 지켜보았습니다. 물을 먹고도 한참 동안 계곡을 떠나지 않던 야생말 떼는 쓰러져 있던 새끼 말이 일어나자 유유히 계곡을 빠져나갑니다. 이 모습을 지켜본 이든과 허단은 어떤 생각을 했을까요? (164~165쪽)

이든 :

허단 :

선택적 발문 : 입장을 선택해 보아요

1. 이든의 아빠는 사업이 실패한 뒤 점점 의기소침해졌고, 엄마 앞에서 한없이 작아지는 자신이 싫어 떠나겠다고 합니다. 엄마는 그런 아빠를 설득했지만 잡지는 못했습니다. 여러분은 이든 아빠의 선택을 어떻게 생각하나요? (44~47쪽)

> 몇 년 전, 아빠는 카메라 한 대와 가방 하나 달랑 메고 우리 곁을 떠났다. 엄마와 나를 보기 힘들어하는 자신을 견딜 수 없다며. 엄마는 그렇게 힘드냐고, 그렇게 견딜 수 없냐고 물은 뒤, 아빠가 눈물을 뚝뚝 떨구며 고개를 끄덕이자 보내주겠노라고 했다. 그런 당신을 바라보는 나도 몹시 힘들다고, 나도 당신을 바라보는 것이 고통스럽다고 덧붙이면서.
> (중략)
> 재충전을 위한 휴식년제라고 생각하고 서로 시간을 갖자고 합의했다. 그러니까 엄마 아빠는 잠정적 별거인 셈이다. 아빠는 삶의 스펙트럼을 넓히겠다는 생각으로 외국을 떠났고 엄마는 엄마의 할 일을 더 치열하게 하는 거로 봉합되었다. 그때부터 내게 그리운 사람은 먼 데 있는 사람이 되었다.

☐ 이해한다   ☐ 이기적이다

이유 ....

2. 몽골 횡단열차 안에서 이야기꽃을 피우다가 허단은 우석에게 여자친구가 있냐고 물어봅니다. 한참을 망설이던 우석은 SNS 상에서 아바타를 만들어 여자친구를 사귀었다고 했습니다. 여러분은 우석이 이성 친구를 사귀는 방법에 대해 어떻게 생각하나요? (104~105쪽)

☐ 공감한다   ☐ 공감하지 않는다

이유 ....

3. SNS에서는 모르는 사람들과 쉽게 소통할 수 있는 장점이 있지만 사회적으로 물의를 일으키는 등 부작용이 우려되는 점도 있습니다. 여러분은 SNS의 장점과 단점 중 어느 것이 더 크다고 생각하나요?

☐ 장점이 크다　　☐ 단점이 크다

이유

4. 핑크할머니의 자식들은 일시적인 수술 후유증을 치매로 오해하고 할머니를 요양원으로 보내려고 합니다. 이러한 자식들의 결정에 대해 여러분은 어떻게 생각하나요? (180쪽)

☐ 공감한다　　☐ 공감하지 않는다

이유

사색적 발문 : 생각을 넓혀 보아요

1. 이든은 경우와 만나기로 한 카페에 나갈까 말까 고민하면서 생각과 마음이 드잡이를 한다고 했습니다. 여러분도 어떤 선택의 상황에서 생각과 마음이 서로 싸워 고민된 적이 있었나요? (7쪽)

2. 이든은 초원 한가운데서 별똥별을 보았을 때 심장이 뚝 떨어지는 느낌을 받았다고 합니다. 여러분도 몽골 초원 한가운데 누워서 밤하늘을 바라본다고 상상해 보세요. 어떤 느낌일까요? 아래의 그림에 흰색 펜으로 별똥별을 그려 넣고 상상한 느낌을 말해보세요. (185쪽)

그 순간 **별똥별이** 떨어졌다.

3. 핑크할머니는 몽골에서 보낸 밤이 인생 최고의 날이었다고 합니다. 여러분이 기억하는 인생 최고의 날은 언제인가요? (187~188쪽)

내 인생 최고의 날은 _____ 이야.

그날은 _____

_____

_____

4. 허단의 아빠는 평상시에 아들이 스스로 결정할 수 있는 기회를 주었습니다. 허단이 럭비를 그만두겠다고 했을 때도 아빠는 하고 싶은 일을 하며 살라고 조언하며 가만히 안아줍니다. 여러분은 자신의 일에 대해 결정할 때 어느 정도의 결정권이 있나요? '나'와 '부모님'의 영향력은 어느 정도인지 이야기해 보고 아래에 있는 표에 색깔로 표시해 보세요. (189쪽)

| 나 | 50 | 부모님 |

북돋움 활동 1

여행 광고지 디자인

이든의 엄마는 SNS에만 파묻혀 생활하는 이든에게 여행을 제안하며 고비 사막에 관한 광고지를 건넵니다. 그 광고지에 적힌 대로 이든은 고비 사막에서 오롯이 자신을 만나고 왔습니다. 여러분도 가고 싶은 여행지를 선전할 광고지를 만들어 보세요. (49쪽)

방학이 시작되고 며칠 후 엄마는 내게 슬그머니 종이 한 장을 내밀었다.
- 우주 속의 '나'를 실감하고 싶을 때 몽골 고비에 서 보라.
- 바람의 땅에서 바람의 언어로 '나'를 만나는 시간.

여행 광고지 계획서	
여행지	
동행자	
여행 기간	
여행 콘셉트	☐ 힐링 ☐ 식도락 ☐ 체험 ☐ 관광 ☐ 기타
한 줄 광고	
여행 광고지 디자인	

북돋움 활동 2

나의 버킷리스트

버킷리스트란, 평생에 꼭 한 번쯤 해보고 싶은 일, 혹은 죽기 전에 해야 할 일들을 적은 목록을 말합니다. 핑크할머니는 어린 시절에 하얀 저고리에 까만 치마만 입고 자랐다고 합니다. 그래서 죽기 전에 핑크색 옷을 입는 것이 소원이었습니다. 핑크할머니의 버킷리스트 중 하나는 몽골 초원에서 이루어진 셈입니다. 여러분도 나만의 버킷리스트를 작성해 보세요.

나의 버킷리스트	
1	
2	
3	
4	
5	
6	
7	
8	
9	
10	

#11

삶과 마주하여
스스로 만들어낸 기적

#용기, #기적, #투병, #레이니어 산, #삶, #친구, #비밀, #하이쿠,
#가족, #배려, #동행, #여정, #만남, #기다림, #홀로서기

About the Book

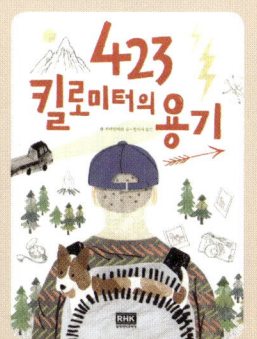

423킬로미터의 용기
댄 거마인하트 지음, 천미나 옮김, 주니어RHK, 2015

열두 살 소년 마크의 선택과 용기 그리고 그가 경험한 기적에 관한 이야기입니다. 마크는 암이 재발한 것을 알고 항암 치료를 받는 대신 레이니어 산을 향해 떠납니다. 거대한 레이니어 산까지 423킬로미터의 여정 동안 마크는 많은 일들을 겪습니다. 목적지에 도착하기 전에 쓰러질 것 같은 조마조마한 순간마다 반려견 보우와 더욱 단단해지는 마크의 용기가 감동을 줍니다.

마크의 마음을 드러낸 책 속의 하이쿠는 짧지만 백 마디 말보다도 깊은 울림이 있습니다. 책을 읽은 감상을 하이쿠로 표현해 보는 것도 좋겠습니다.

함께 보면 좋아요
『두근두근 내 인생』 김애란 지음, 창비, 2011
『잘못은 우리 별에 있어』 존 그린 지음, 김지원 옮김, 북폴리오, 2012

낱말 퍼즐

가로 | 1.う아닉 2.유통 이동 3.그제사고 4.대평 5.축지 6.군 가이로운트 7.등산 8.단가 9.새도 하자 10.오게식 11.촉다리기 12.곡곡 13.동풍해

세로 | ①이라스 ②풀아가지 ③강구 ④웨이니아 신 ⑤스카게드 ⑥하이드 ⑦돌기 ⑧양시 ⑨수새 ⑩에돌리 ⑪거에다 ⑫곡다리 롱 ⑬삼통 ⑭기 ⑮도부

정답

【가로】

1. 마크와 제시가 암호로도 사용한 정형시의 형태. 5-7-5 음절로 구성된 일본 고유의 단형시.

2. 마크가 집을 나온 후 식당에서 토스트를 먹다가 자신을 찾는 이것을 뉴스로 봄.

3. 마크의 개가 이것을 조심하라고 킹킹거리며 마크에게 경고함. 빙하나 눈 쌓인 골짜기에 형성된 깊은 균열.

4. 마크를 차에 태워 준 아저씨가 ○○ 가서 죽은 아들의 이야기를 들려줌. 군대를 외국에 주둔하거나 다른 나라 군대와 맞서 싸우게 하기 위해 해외로 보냄.

5. 집을 나온 마크가 유일하게 제시에게만 이 사실을 ○○에 적어 둘만 아는 장소에 남김.

6. 『423킬로미터의 용기』의 저자. 암과 맞서 싸웠던 친구에 대한 사랑과 의리의 마음으로 이 책을 썼다고 함.

7. 산에 오르는 일.

8. 집 나간 마크를 찾기 위해 ○○를 참고하여 추적. 어떤 일이나 사건 등을 풀어 나갈 수 있는 실마리.

9. 길에서 마크를 차에 태워 준 아저씨가 마크에게 준 음식. 두 조각의 빵 사이에 속을 채운 음식.

10. 마크의 개가 강물에 빠진 마크를 구해 가까스로 올려준 곳.

11. 마크와 마크의 개가 평상시에 하던 밧줄 놀이. 눈 쌓인 골짜기의 깊은 균열에 빠진 개를 구하기 위해 이 놀이를 하였음.

12. 거센 바람에 드세게 휘몰아치는 눈.

13. 식당을 나온 마크의 뒤를 쫓아와 폭행하고 돈을 빼앗아 달아난 아이들. 사회적 일탈 행동이나 비행을 일삼는 사람.

【세로】

① 마크를 태워준 아저씨의 아들이 군인으로 참전했던 나라. 수도는 바그다드.

② 마크가 늘 지니고 다녔던 회중시계를 준 사람. 산에 이 사람과 오르기로 약속함.

③ 어떤 조건 아래에 놓인 그때의 상황이나 형편.

④ 마크는 이 산에 오르기로 약속한 이후 이 산의 그림을 자주 봄. 미국 워싱턴 주에서 가장 높은 산으로 빙하계로 둘러싸여 있음.

⑤ 마크가 가장 좋아하는 음식. ○○○○와 미트볼.

⑥ 산을 오르기 전과 후에 달라진 마크의 ○○○. 어떤 개념에 대한 심적인 의욕이나 경향.

⑦ 마크를 태워준 아저씨의 차. 짐을 실어 나르기 위해 만들어진 자동차. 짐차, 화물 자동차라고도 함.

⑧ 마크가 오르고 싶어 하는 산이 그려진 편지 용지. 일정한 규격의 용지에 우편 요금의 증표를 인쇄하여 발행.

⑨ 식당을 운영하는 세 아주머니들의 ○○를 들으니 마크의 마음이 평온해짐.

⑩ 마크를 산까지 태워준 아저씨. 공원관리공단 소속의 생물연구원.

⑪ 마크는 불량배들에게 ○○○를 빼앗기지 않으려고 끝까지 버팀.

⑫ 강에 빠졌다가 섬으로 올라왔을 때 마크가 가장 먼저 한 일. ○○○ 피우기.

⑬ 평소에 마크가 개와 놀 때 사용한 도구.

⑭ 마크가 구조된 후 의사가 한 말. "○○이 필요한 상황이지만 이미 마크는 ○○을 경험했어요."

⑮ 마크와 동행한 개 이름.

되새김 발문 : 내용을 되새겨 보아요

1. 다음 등장인물들과 설명을 연결해 보세요.

① 마크 •   • ⓐ 마크가 집을 나설 때 배낭 속에 넣어간 반려견. 마크를 위기에서 여러 번 구해줌.

② 제시 •   • ⓑ 공원관리공단 소속의 생물 연구원. 길에서 마크를 발견하고 세심하게 관심을 가지고 도움.

③ 쉘비 •   • ⓒ 치료 중인 암의 재발로 분노와 절망이 가득하여 죽기 위해 집을 나섬.

④ 보우 •   • ⓓ 마크의 절친. 마크가 남긴 메시지를 둘만이 아는 장소에서 발견함.

⑤ 웨슬리 •   • ⓔ 마크가 레이니어 산으로 가는 버스 안에서 만난 소녀. 아빠를 만나러 간다고 한 아이.

2. 마크는 할아버지가 주신 이것을 늘 지니고 다녔습니다. 그런데 집을 나오던 날 기차역 승강장에서 이것을 발로 밟아 산산조각 낸 이 물건은 무엇인가요? (10쪽)

3. 삶의 작은 조각들을 붙잡는 기분이 들어 마크는 이것을 가지고 하는 일을 좋아합니다. 그래서 불량배들에게도 절대 빼앗기지 않으려고 애썼던 물건은 무엇인가요? (44쪽)

4. 마크를 구타하고 돈을 빼앗아 가던 불량배들이 모자가 벗겨진 마크의 모습을 보고는 주춤합니다. 그들이 마크에게 남겨준 돈은 얼마인가요? (47쪽)

5. 마크는 이 산이 그려진 엽서를 자주 꺼내 봅니다. 반드시 올라가겠다고 할아버지와 약속한 이 산의 이름은 무엇인가요? (57쪽)

6. 불량배들에게 돈을 빼앗기고 구타를 당한 마크는 다음날 노랫소리에 눈을 뜹니다. 비록 몸은 아프지만 식당 아주머니들의 노래를 들으니 평온함을 느꼈습니다. 마크는 그 아주머니들이 무엇과 같다고 생각했나요? (61쪽)

7. 병이 자꾸 재발하자 마크는 더 이상 살고 싶지 않은 마음으로 레이니어 산으로 갑니다. 산으로 가던 도중 마크가 진흙탕 속에 버린 것은 무엇인가요? (89쪽)

8. 강물에 빠진 마크를 보우가 구해서 모래섬으로 올려 주었습니다. 모래섬으로 올라온 마크가 제일 먼저 한 일은 무엇인가요? (116쪽)

9. 마크가 집을 나온 아이라는 것을 알아채고 웨슬리 아저씨는 아들 이야기를 꺼냅니다. 자신이 아무것도 도와줄 수 없는 곳에서 아들이 죽어 아버지로서 더욱 괴로웠다고 합니다. 아저씨의 아들이 죽은 곳은 어디인가요? (136~137쪽)

10. 눈보라 속에서 보우는 마크의 발꿈치를 물고 낑낑거리며 위험 신호를 보냈습니다. 눈과 얼음 속에 생긴 거대한 균열을 경고한 것인데 레이니어 산에 특히 많은 이것은 무엇인가요? (172쪽)

정답

1. ①-ⓒ, ②-ⓓ, ③-ⓔ, ④-ⓐ, ⑤-ⓑ | 2. 회중시계 | 3. 카메라 | 4. 20달러 | 5. 레이니어 산 | 6. 천사 | 7. 두통 알약 | 8. 모닥불 피우기 | 9. 이라크 | 10. 크레바스

해석적 발문 : 다양하게 생각해 보아요

1. 마크는 레이니어 산으로 가는 순간순간을 사진으로 담습니다. 마크는 왜 이렇게 사진 찍는 것에 열중할까요? (79쪽)

2. 마크는 자신의 마지막 소원으로 레이니어 산에 오르려고 합니다. 이런 사실을 제시에게만 알리고 아무에게도 말하지 말라고 합니다. 마크가 제시에게만 자신의 행선지를 알린 이유는 무엇일까요? (96쪽)

3. 마크는 부모님께는 덜 아픈 척하면서 제시에게는 얼마나 고통스러운지 이야기합니다. 마크가 부모님과 제시에게 고통을 표현하는 방식이 다른 이유는 무엇일까요? (109~110쪽)

> "그건 비밀 같은 거야. 나 혼자 감당하기는 힘들어, 제시. 너무 힘들어. 너랑 같이 울어도 될까? 내 비밀 지켜 줄 거지?"
> (중략)
> 그리고 마크는 제시의 어깨에 몸을 묻고 울었다. 마크는 얼마나 아픈지 말해주었다. 얼마나 두려운지도. 마크 부모님이 올 즈음, 둘은 다시 낄낄거리며 카드놀이를 하고 있었다.

4. 거센 눈보라와 크레바스를 버텨 낸 마크의 눈앞에 웅장한 레이니어 산이 모습을 드러냈습니다. 험악하지만 자부심 넘치는 그 모습에 사로잡혀 집을 나온 이후 처음으로 죽고 싶지 않다는 생각을 하게 됩니다. 마크는 왜 생각이 바뀌었을까요? (186~188쪽)

5. 수시로 마음을 괴롭히던 분노와 외로움이 사라지자 마크는 집을 나온 후 만났던 사람들을 생각했습니다. 그리고 그들을 생각하며 산 아래로 한 발씩 내딛었습니다. 여러분은 마크가 만났던 사람 중 누가 가장 인상적인가요? (188~189쪽)

마크가 만난 사람 중 가장 인상적인 사람:
이유:

6. 보우의 도움으로 구조된 마크는 병원에서 치료를 받게 됩니다. 의사 선생님은 마크에게 기적이 필요한데 이미 그 기적을 경험했다고 합니다. 여러분은 마크가 경험한 기적이 무엇이라고 생각하나요? (199~200쪽)

1. 예) 집을 나와 레이니어 산을 오르던 중 웨슬리 아저씨를 만난 것
2.
3.

선택적 발문 : 입장을 선택해 보아요

1. 제시는 마크가 어디로 가고 있는지, 그 이유가 무엇인지도 알고 있습니다. 하지만 비밀을 지키기 위해서 마크 부모님에게 그의 행방에 대해 말하지 않습니다. 여러분은 제시가 어떻게 해야 한다고 생각하나요? (99~100쪽)

☐ 마크와의 약속을 지켜야 한다   ☐ 마크의 행방에 대해 알려야 한다

이유 _____

2. 암이 재발하여 치료를 계속해야 하는 상황임에도 마크는 레이니어 산에 오르기로 결심합니다. 치료를 포기하고 등반하기로 한 마크의 결정에 대해 어떻게 생각하나요? (141쪽, 145~146쪽)

> "아뇨. 그래도 그래야 해요. 병원은 지긋지긋해요. 치료도 지긋지긋해요. 아픈 자신을 지켜보는 친구들도 지긋지긋해요. 그래서 그냥 산에 올라가서 사라져 버리고 싶은 건지도 몰라요."
> 나는 눈을 뜨고 아저씨를 똑바로 쳐다보았다.
> (중략)
> "할아버지는 유명한 등반가셨어요. 제가 건강해지면 레이니어 산에 데려가겠다는 말을 입에 달고 사셨죠. 할아버지와 저만의 비밀이었어요. 그런데 제가 건강해지니까 할아버지가 병에 걸렸어요. 콩팥이에요. 할아버지는 병이 낫질 않았어요."
> (중략)
> "돌아가시기 전날 이렇게 말씀하셨어요. '결코 이렇게 죽고 싶지는 않았다.' 할아버지는 저에게 약속해 달라고 하셨어요. 할아버지를 위해 레이니어 산에 올라가겠다고."

☐ 공감한다   ☐ 공감하지 않는다

이유 _____

사색적 발문 : 생각을 넓혀 보아요

1. 마크는 레이니어 산으로 가는 길에 불량배를 만나기도 하고, 식당 아주머니들에게 들켜 집으로 전화해야 하는 상황에 놓이기도 했습니다. 하지만 절망적인 순간에도 보우는 마크 곁을 지켰고 따뜻한 도움의 손길도 있었습니다. 여러분도 절망적인 순간에 희망을 느꼈던 적이 있다면 이야기해 보세요. (63쪽)

2. 웨슬리 아저씨는 마크가 재발한 암 때문에 집을 나온 아이임을 짐작합니다. 마크의 상황에 대해 자신이 알고 있다는 것을 드러내며 어떻게 하면 좋을지 물어봅니다. 마크는 웨슬리 아저씨의 말을 듣고 어떤 생각을 했을까요? (142쪽)

> "삶이란 참 까다로운 녀석이야. 그렇지 않니, 꼬마야?"
> 아저씨의 목소리는 비통하게 들렸다.
> "내 말은, 어떻게 사는 게 잘 사는 건지 알기가 힘들다 이 말이야. 누구나 마찬가지. 다들 그렇게 살고 있잖니. 가끔은 어디로 가야 할지 모를 때가 있단다."
> 나는 아무런 대꾸도 하지 않았다. 질문이 마음에 들지 않으면 때로는 옳은 답마저 틀리게 들릴 때가 있다. 정말 그랬다.
> "그럼 그 사람은 어떻게 하면 좋을 것 같으냐? 길을 걷고 있는 그 아이를 발견한 사람 말이다. 이 아이가 가진 게 무엇인지, 상황이 어떻게 돌아가는지 알고 있는 그 사람은? 그 사람은 대체 어떻게 해야 할까?"

3. 작가는 이 이야기가 암으로 죽은 자신의 친구 마크를 기리고 추억하기 위해 쓴 것이라고 합니다. 의리, 용기, 사랑에 대한 이야기이며 승리와 삶에 대한 이야기라고 합니다. 여러분은 이 책이 무엇에 대한 이야기라고 생각하나요? (207쪽)

이 책은 _____ 에 대한 이야기이다.

왜냐하면, ...
....
....

4. 레이니어 산을 내려온 마크는 삶에 대한 희망을 다시 찾습니다. 앞으로 마크는 어떠한 삶을 살게 될지 상상해 보세요.

레이니어 산을 내려온 마크는

북돋움 활동 1

나도 하이쿠 작가!

하이쿠는 일본 고유의 단형시로 항상 세 줄로 씁니다. 첫째 줄은 5음절, 두 번째 줄은 7음절, 마지막 세 번째 줄은 5음절의 형식입니다. 마크와 제시는 서로의 마음을 하이쿠로 표현합니다. 여러분도 이 책을 읽고 난 소감을 하이쿠로 적어보세요.

홀로 떠난다 새롭고도 낯선 길 이제 산으로 (13쪽)	비밀 메시지 쪽지가 속삭이는 마지막 인사 (37쪽)	잠을 잃은 밤 알 길 없는 그 마음 밖엔 비바람 (48쪽)
옛 사진 상자 하이쿠로 쓴 쪽지 종이 속 추억 (81쪽)	이제 남은 건 제시의 속삭임뿐 "나도 사랑해" (156쪽)	흐르는 시간 평생 같던 일주일 마크가 온다 (195쪽)

하이쿠 시를 지어 보고 띄어쓰기를 ✓로 표시해 주세요.

○ ○ ○ ○ ○
○ ○ ○ ○ ○
○ ○ ○ ○

4장 진짜 '나'를 찾는 모험

#12

당신의 삶은 지금 몇 시입니까?

#시간, #크로노스, #카이로스, #책임, #의미, #주인, #균형, #인생, #희망, #새벽, #가족, #해결, #진심, #고민, #죽음

About the Book

시간을 파는 상점
김선영 지음, 자음과모음, 2012

온조는 '시간을 파는 상점'이라는 카페를 개설하고 다른 사람들의 특별한 부탁을 들어주며 자신의 시간을 팝니다. 온조가 경험하는 다양한 에피소드를 통해 우리가 무심코 보내고 있는 시간의 의미를 다시 생각해 보게 됩니다.

시간에는 크로노스와 카이로스라는 두 종류가 있다고 합니다. 크로노스는 단순히 흘러가는 시간, 누구에게나 공평하게 주어지는 객관적인 시간인데 반해, 카이로스는 자신의 존재를 느끼는 특별한 의미가 부여되는 주관적인 시간입니다. 누구에게나 똑같이 주어지는 시간이지만 어떻게 활용하느냐에 따라 삶이 달라집니다.

함께 보면 좋아요
『추억의 시간을 수리합니다』 (전 4권), 다니 미즈에 지음, 김해용 옮김, 예담, 2017
『고리의 비밀』 오시은 지음, 바람의아이들, 2016
『기억을 파는 가게』 이하 지음, 실천문학사, 2014
『타임시커』 이남석 지음, 작은길, 2013

낱말 퍼즐

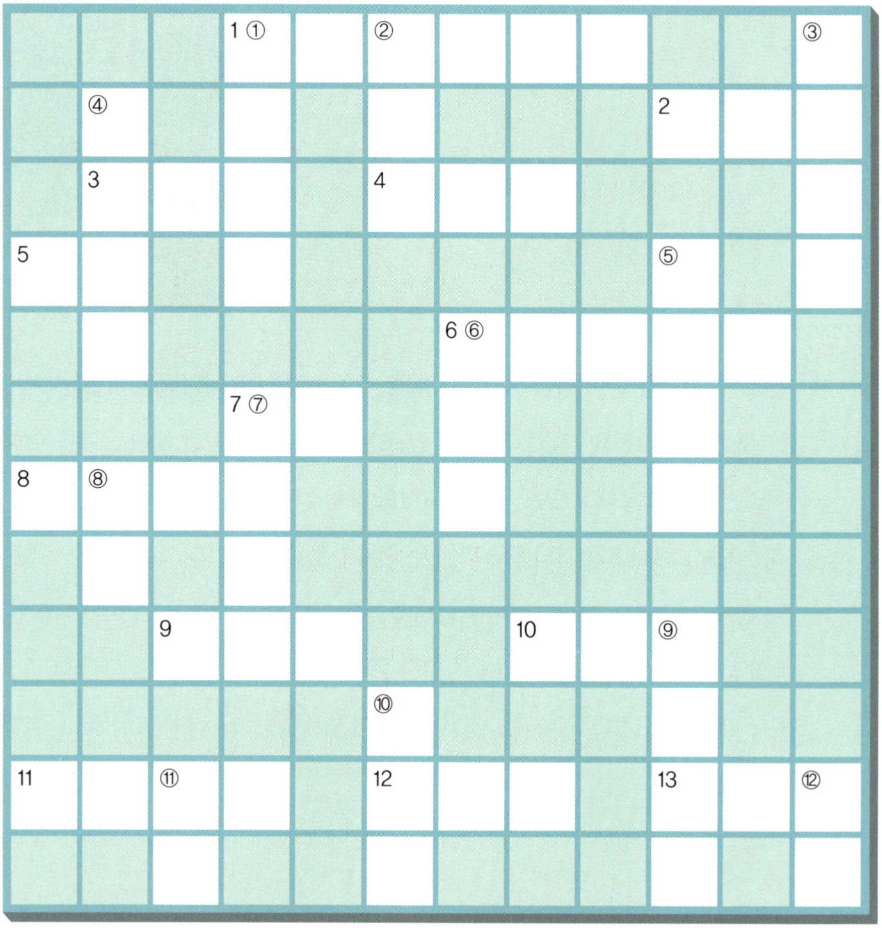

정답

가로 | 1.소경의 잠꼬대 2.누름꽃 3.구조대 4.인터넷 5.제과 6.아르바이트 7.식사 8.야생동물 9.짝사랑 10.엘리트 11.헤비메탈 12.네결에 13.우체부

세로 | ①소방대원 ②의뢰인 ③들꽃자유 ④지구과학 ⑤카이로스 ⑥아이린 ⑦식물박사 ⑧생물 ⑨트라우마 ⑩가네샤 ⑪메뉴 ⑫부재

【가로】

1. 온조의 정체를 알고 있는 사람이 점심시간에 만나자고 한 곳. 학교 건물 사이에 있는 작은 정원의 이름.

2. 온조가 의뢰받은 두 번째 일로 여러 통의 편지와 함께 ○○○을 배달해 달라고 함. 꽃과 잎을 눌러서 말린 것.

3. 온조 엄마가 불어난 계곡물에 고립되었을 때 이 조직의 대원이었던 아빠와 만남. 일정한 장비를 갖추고 위험에 빠진 사람이나 물건을 구하는 조직.

4. 온조가 시간을 파는 상점을 개업한 곳. 컴퓨터 통신망.

5. 아빠가 돌아가신 후 엄마의 힘을 덜어드리기 위해 온조가 처음 일한 곳. 빵, 케이크 등을 판매하는 곳. ○○점.

6. 시간을 파는 상점을 열기 전 온조는 빵집, 쌀국수집에서 ○○○○○를 함. 단기나 임시로 일을 하는 형태.

7. 강토가 의뢰한 것은 호수그릴 레스토랑에서 할아버지와 점심 ○○ 하기.

8. 온조의 엄마 아빠가 처음 만난 곳은 ○○○○ 캠프.

9. 정이현은 온조를, 난주는 정이현을 혼자 좋아함. 한쪽만 상대를 좋아하는 것.

10. PMP를 훔친 아이의 부모처럼 명문대를 나와서 남들이 부러워하는 직업을 갖고 성공한 사람을 흔히 ○○○ 코스를 밟았다고 함.

11. 혜지가 즐겨 듣는 음악. 록의 하위 장르로 시끄러운 사운드가 특징.

12. 온조가 만든 시간을 파는 상점에 첫 번째로 의뢰한 사람의 닉네임.

13. 온조는 편지 배달을 통해 기쁨을 맛보았다고 함. 편지 배달을 직업으로 하는 사람.

【세로】

① 온조 아빠의 직업.

② 정이현, 강토, 가네샤의 공통점은 시간을 파는 상점을 통해 온조에게 일을 부탁한 것. 남에게 어떤 일을 부탁하는 사람.

③ 시간을 파는 상점에 어린 제자들을 위해 한 달에 두 번씩 편지 배달을 부탁한 사람의 닉네임.

④ 온조에게 지구의 균형을 잡아주는 사람이라고 말한 담임 선생님의 담당 과목.

⑤ 행복과 불행을 가르는 기회의 신. 시간 너머 의미를 관장하는 신의 이름.

⑥ 시간을 파는 상점이라는 카페 이름을 보고 무작정 들어와 시간에 대해 궁금한 점을 쪽지로 보낸 초등학교 6학년 아이의 닉네임.

⑦ 어릴 때부터 엄마와 산과 들로 다닌 덕분에 나무와 풀이름을 척척 말해서 붙은 온조의 별명.

⑧ 불곰 선생님이 가르치는 과목.

⑨ PMP와 전자수첩을 훔쳤던 아이는 초등학교 때 슈퍼에서 껌을 훔쳤다가 엄마에게 질질 끌려갔던 기억이 있음. 그때 기억이 ○○○○로 남았다고 함.

⑩ 시간을 파는 상점에서 혜지가 쓰는 닉네임. 힌두교에서 코끼리 형상을 하고 있는 신의 이름이며 문학과 학문의 보호자로 지혜의 신이라는 뜻을 지님.

⑪ 강토 할아버지와 온조가 점심으로 먹은 ○○는 런치 정식. 식사와 요리의 종류를 적은 차림표.

⑫ 온조는 아빠의 ○○로 엄마의 힘을 덜어 드리기 위해 일을 시작함. 그곳에 있지 않음을 의미하는 단어.

되새김 발문 : 내용을 되새겨 보아요

1. 시간을 파는 상점의 첫 번째 의뢰는 2학년 7반 학생이 잃어버린 물건을 원래 주인에게로 가져다주라는 것입니다. 이 물건은 무엇인가요? (16쪽)

2. 온조의 아버지는 새벽에 화재 현장으로 가는 도중 교통사고로 돌아가셨습니다. 온조 아버지의 직업은 무엇이었나요? (25쪽)

3. 시간을 파는 상점은 온조의 어릴 적 꿈의 연장선에 있는 일일지도 모릅니다. 검은 정장을 입고 주변을 경계하는 모습이 숭고해 보이기까지 했던 온조의 어린 시절 꿈은 무엇이었나요? (29쪽)

4. 온조는 그동안 했던 아르바이트의 경험으로 이것을 팔면 돈이 될 수 있겠다는 생각을 합니다. 이것을 스스로 운영하면 원하는 일을 할 수도 있고 다양한 세상의 모습을 볼 수 있기 때문입니다. 온조가 팔려고 하는 것은 무엇인가요? (39쪽)

5. 온조는 시간을 파는 상점의 대문에 이 신의 사진을 올려놓았습니다. 오른손에는 모래시계, 왼손에는 하르페를 들고 구름 위에 앉아 땅을 내려다보는 모습입니다. 시간의 경계를 나누고 관장하는 이 신은 누구인가요? (42쪽)

6. 온조에게 할아버지와 식사를 맛있게 해달라고 한 의뢰인은 온조의 도움으로 가정 문제를 풀게 되었습니다. 할아버지가 지어준 아명을 닉네임으로 사용한 의뢰인은 누구인가요? (55쪽)

7. 덥수룩한 더벅머리에 밀리터리룩을 걸치고 다니는 생물 선생님은 이 시대의 마지막 로맨티스트라는 별명을 갖고 있습니다. 환사교(환경을 사랑하는 교사

모임)의 회원이며, 온조 엄마의 남자친구가 된 선생님의 별명은 무엇인가요? (85쪽, 155쪽)

8. 어렸을 때부터 엄마와 함께 산과 들로 다닌 덕분에 온조는 나무와 풀이름을 척척 말하게 되었습니다. 이런 온조에게 붙여진 별명은 무엇인가요? (87쪽)

9. 장물 사건 이후 온조는 '들꽃 자유'로부터 한 달에 두 번 편지를 직접 배달해달라는 의뢰를 받았습니다. '들꽃 자유'에게 온 택배에 여러 통의 편지와 함께 들어있던 것은 무엇인가요? (103쪽)

10. 혜지는 늘 헤드폰을 쓴 채 다른 사람과의 교류를 차단하며 생활합니다. 그런 혜지가 시간을 파는 상점을 통해 온조에게 무엇이 되어 달라고 의뢰했나요? (137쪽)

11. 야생동물 캠프에서 장맛비로 고립되었을 때 이 단체의 간사인 엄마와 119구조대원인 아빠가 만나게 되었습니다. 엄마가 간사로 있던 이 단체는 무엇에 대해 사회운동을 하는 곳인가요? (141쪽)

12. '그 아이'는 가고 싶은 곳이 생겼다며 정이현을 초대합니다. 온조 일행이 '그 아이'를 만나기 위해 찾아간 곳은 어디인가요? (208쪽)

정답

1. PMP | 2. 소방대원 | 3. 보디가드 | 4. 시간 | 5. 크로노스 | 6. 강토 | 7. 불곰 | 8. 식물박사 | 9. 누름꽃 | 10. 친구 | 11. 환경 | 12. 바람의 언덕

해석적 발문 : 다양하게 생각해 보아요

1. 온조는 아르바이트를 하면서 '시간이 금이다'라는 말을 이해하게 되었지만 엄마는 이 말이 폭력적일 수도 있다고 합니다. 엄마가 말한 '폭력'의 의미는 무엇일까요? (37~38쪽)

2. 강토의 할아버지는 일상에서 사용하던 기계를 없애버렸더니 사람이 가지고 있는 미덕들이 살아나 시간이 나를 위해 움직이는 것 같다고 합니다. 여러분은 할아버지가 말한 '한결 부드럽고 친절한 시간'이란 어떤 의미라고 생각하나요? (64~65쪽)

3. 자신보다는 부모님의 의견에 따라 살아왔다는 혜지는 헤비메탈을 즐겨 듣습니다. 혜지에게 그 음악은 어떤 의미였을까요? (139~140쪽)

4. 처음에는 알바 개념으로 시작했던 시간을 파는 상점 운영이 지금은 온조에게 큰 의미를 차지하는 일이 되었습니다. 온조에게 '시간을 파는 상점'은 어떤 의미일까요? (170쪽)

5. 온조는 '들꽃자유'로부터 주소는 같지만 수신인이 다른 여러 통의 편지를 배달해달라는 의뢰를 받습니다. 거리도 먼 데다 자신의 용돈까지 비용에 보태야 했지만 그 일을 통해 충분히 보상을 받았다고 합니다. 여러분은 온조가 받은 보상이 무엇이라고 생각하나요? (179쪽)

6. 정이현은 '그 아이'가 보낸 택배 상자를 받고 그것이 마지막으로 보내온 구조 신호라는 생각이 들어 바로 메일을 보냈습니다. 다시 온 답장에는 다음과 같이 '발톱'에 대한 이야기가 적혀 있었습니다. 여러분은 '그 아이'가 말한 '발톱'의 의미가 무엇이라고 생각하나요? (201~202쪽)

> 양쪽 발톱이 다 빠졌다.
> 여러 날 걸었다. 거림에서 지리산을 오를 때 발톱은 이미 새까맣게 죽어 있었다.
> 세석산장에서 묵을 때, 발톱 사이에서는 찌걱찌걱 진물이 새어 나왔다.
> (중략)
> 양쪽 엄지발가락이 너무 아파서 엉엉 울었다.
> 지나가는 등산객들이 몰려들더니 어떤 이는 소독약을 주고 어떤 이는 항생 연고를 발라주고 어떤 이는 붕대를 친친 감아주었다.
> (중략)
> 그때 발톱은 완전히 빠졌다.
> 친친 감은 붕대를 풀어내자 거기에 달려 나왔다.

7. '그 아이'를 찾아간 온조 일행은 바람의 언덕에서 함께 바람을 맞으며 참고 있던 웃음을 터트립니다. 몸을 제대로 가눌 수 없을 만큼의 바람을 맞으면서 그들은 왜 웃음을 터트렸을까요? (210~211쪽)

선택적 발문 : 입장을 선택해 보아요

1. PMP 도난 사건을 목격한 '네곁에'는 시간을 파는 상점에 그 PMP를 제자리에 가져다 놓아 달라고 의뢰합니다. 문제의 PMP를 제자리로 돌려놓으려는 '네곁에'의 계획에 대해 어떻게 생각하나요? (15쪽)

☐ 공감한다   ☐ 공감하지 않는다

이유 ....

2. 온조의 시간은 일 분 일 초로 조각내어 끊임없이 움직이게 하는 크로노스적 시간이라 할 수 있습니다. 반면 할아버지의 시간은 행과 불행을 가르는 기회의 신으로 물리적 시간 너머의 의미를 관장하는 카이로스적 시간이라고 볼 수 있습니다. 여러분은 두 시간 중 어느 쪽을 더 추구하나요? (43쪽, 64~65쪽)

☐ 온조의 크로노스적 시간   ☐ 할아버지의 카이로스적 시간
  (객관적 시간, 물리적 시간)   (주관적 시간, 의미의 시간)

이유 ....

3. 할머니의 병세가 악화되자 강토의 할아버지는 연락이 닿지 않는 아들을 찾기 위해 미국으로 갑니다. 하지만 아들을 만나지 못하고 한국에 돌아와 보니 할머니는 이미 세상을 떠났습니다. 장례에도 곧장 오지 않는 아들이 괘씸했던 할아버지는 아들을 상대로 법원에 소를 제기합니다. 여러분은 할아버지의 결정에 대해 어떻게 생각하나요? (99쪽)

☐ 공감한다   ☐ 공감하지 않는다

이유 ....

4. 시간을 파는 상점을 운영하던 온조는 어느 날 가네샤라는 아이디로 올라온 게시글을 보고 심란합니다. 가네샤는 시간을 파는 상점을 운영하는 사람이 학생인 점과 돈만 주면 어떤 일이든 해결해 주는 카페 운영의 문제점을 지적했습니다. 여러분은 이런 가네샤의 지적 사항 중 어느 것이 가장 염려되나요?
(126~127쪽)

> 가네샤: 주인장 프로필을 보니 학생이네요. 이렇게 상업적인 일을 대놓고 해도 되는 건지 의아스럽네요. 돈만 주면 뭐든 할 수 있는 인터넷 유령카페처럼 보이기도 하네요. 그것도 아주 곱상한 여고생이 주인장이니 아저씨들이 보면 군침 흘릴 만하겠는데요? 설마 이러저러한 제의를 받아보지 않은 건 아니겠죠?

☐ 학생이 운영한다는 점이 염려된다
☐ 돈만 주면 어떤 일이든 해결해준다는 점이 염려된다
☐ 둘 다 염려된다
☐ 어떤 것도 염려되지 않는다

이유 ....

사색적 발문 : 생각을 넓혀 보아요

1. 온조는 시간을 파는 상점의 설계도를 마무리 지으며 운영 조항을 만들었습니다. 여러분은 이외에도 어떤 조항을 추가하고 싶은가요? (42쪽)

	시간을 파는 상점의 운영 조항
1	나의 능력 이상의 일은 거절하자.
2	옳지 않은 일은 절대 접수하지 말자.
3	의뢰인에게 조금의 위로라도 줄 수 있는 일을 선택하자.
4	
5	
6	
7	

2. 강토의 할아버지는 기계든 사람이든 빠르면 꼭 문제가 생긴다고 합니다. 그 말을 듣고 온조는 속도 때문에 일어난 아빠의 사고가 떠올랐습니다. '지나치게 빠르면 문제가 생긴다'라는 말에 해당할 만한 예로 어떤 것이 있다고 생각하나요? (62쪽)

예: 공사기간을 단축하려고 무리하게 시공했던 건물이 부실 공사로 드러나 여러 사람들이 피해를 보았다.

3. 교재와 교구가 산더미처럼 쌓여 있는 담임 선생님의 책상을 온조가 정리해 드렸습니다. 그런 온조에게 담임 선생님은 지구의 균형을 잡아주는 사람이라고 말합니다. 여러분의 주변에서 '지구의 균형을 잡아주는 사람'은 누구이며 그렇게 생각하는 이유는 무엇인가요? (78~79쪽)

지구의 균형을 잡아주는 내 주변의 인물:

이유:

4. 온조는 시간을 파는 상점의 주인으로서 여러 가지 일을 경험했습니다. 시간은 누구에게나 똑같이 주어지지만 어떻게 쓰느냐에 따라 삶이 달라진다는 것을 알게 되었습니다. 온조가 경험한 것을 바탕으로 하여 시간을 '판다'는 말을 어떤 말로 바꾸어 표현할 수 있을까요? (218쪽)

나는 시간을 ＿＿＿＿＿ 상점의 주인이다.

왜냐하면,

북돋움 활동 1

나의 현재 시간은?

PMP를 훔쳤던 '그 아이'는 학교에서 사라진 뒤 어쩐지 이렇게 죽기에는 억울하다는 생각이 들었다고 합니다. 인생시계로 따지면 지금 새벽 다섯 시쯤밖에 되지 않았다고 느꼈기 때문입니다. 지금 여러분의 인생 시계는 몇 시쯤이라고 생각하나요? 그렇게 생각한 이유를 말해 봅시다. (205쪽)

이유 :

Tip! 토론에 활용하기 좋은 간단한 도구

1. 네임텐트

TV 프로그램에서 여러 패널이 나와 자신의 의견을 적어 놓은 판넬을 응용한 것입니다. 네임텐트는 자신의 의견을 미리 적고 발표를 하기 때문에 소극적인 토론자들도 자연스럽게 토론에 참여할 수 있습니다. 진행자는 네임텐트에 적힌 토론자의 의견을 보고 토론을 매끄럽게 진행할 수 있습니다.

〈만드는 법〉
① A4용지를 세로 방향으로 2cm 정도 접습니다.
② ①의 접은 상태에서 가로 방향으로 3등분하여 접어 삼각형의 텐트 모양으로 만듭니다.
③ 앞면에 토론에 대한 의견을 적습니다.

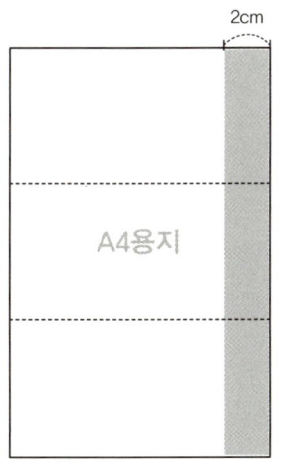
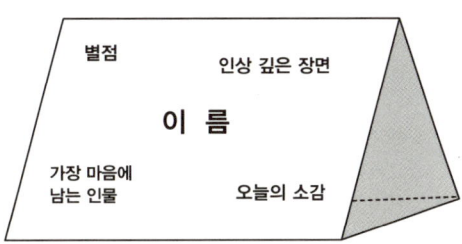

2. 포스트잇

포스트잇은 크기가 작고, 붙였다 뗄 수 있어서 토론 전반에 활용하기 좋습니다. 포스트잇을 사용할 때는 크고 진한 글씨로 한 장에 한 가지 의견을 적도록 합니다. 포스트잇에 적은 의견을 비슷한 것끼리 모으고 그 의견을 정리하여 붙여보면 발문에 대한 토론자들의 생각을 한눈에 볼 수 있습니다.

〈만드는 법〉
① 발문에 대한 생각을 포스트잇에 적어 붙입니다.
② 비슷한 의견은 한 줄로 모아 붙입니다.
③ 분류한 포스트잇의 내용을 하나로 요약합니다.
④ 요약한 내용으로 토론을 하거나 발표합니다.

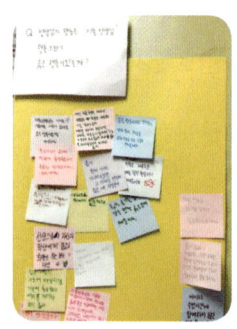

3. 프리즘 카드

프리즘 카드는 다양한 그림과 사진으로 구성된 이미지 카드를 말합니다. 토론을 하면서 느낀 점이나 생각들을 카드에 있는 그림에 빗대어 표현해 볼 수 있습니다. 토론 도입 부분이나 마무리 단계에서 책에 대한 느낌을 끌어내고 감상을 정리할 수 있다는 장점이 있습니다.

토론 도입 단계에서의 활용 예
오늘의 기분을 프리즘카드로 표현해 보세요.
책을 읽은 느낌을 표현해 보세요.

토론 본론 단계에서의 활용 예
주인공이 느꼈던 감정을 프리즘 카드로 표현해 보세요.
지금 주인공에게 필요한 것을 프리즘 카드에서 골라 발표해 보세요.

토론 마무리 단계에서의 활용 예
토론에 대한 느낌을 프리즘 카드로 표현해 보세요.
책의 주제를 나타내는 카드를 골라 표현해 보세요.

4. 찢기 빙고

찢기 빙고는 책의 주제와 관련된 단어들로 빙고를 맞추는 게임입니다. 책에 관한 키워드를 뽑는 과정에서 전체적인 내용을 파악하고 정리할 수 있습니다. 토론을 게임처럼 즐겁게 생각할 수 있어 토론 참여자의 흥미를 유발하고 책 읽기의 즐거움을 느끼게 해줍니다.

〈만드는 법〉
① A4용지를 길게 3등분하여 자릅니다.
② 자른 종이를 앞뒤로 번갈아 6등분하여 병풍 접기 방식으로 접습니다.
③ 책의 주제와 관련된 키워드를 한 칸에 하나씩 적어 넣습니다.
④ 팀별로 돌아가면서 주제어를 부르고 칸을 찢습니다.
 - 종이는 위, 아래 무조건 끝에 있는 칸부터 찢을 수 있습니다.
 - 지나간 주제어도 자신의 순서가 돌아오면 다시 외칠 수 있습니다.
 - 비슷한 주제어를 외칠 경우 상대팀의 동의를 얻어 제거할 수 있습니다.

5장
꿈꾸고 도전하는 것이 인생

#13

10대의 문화와 가치를 판매하라!

#창업, #경제, #진학, #특성화고, #차별, #팬덤, #10대 문화,
#수익, #성공, #광고, #가치, #SNS, #가족, #사업, #진로

About the Book

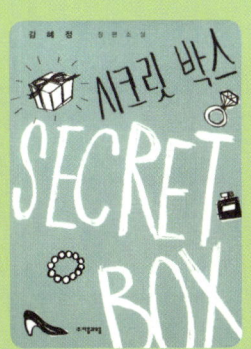

시크릿 박스
김혜정 지음, 자음과모음, 2015

10대들의 창업이라는 독특한 주제로 성공과 실패를 경험하면서 성장해 가는 주인공들의 이야기입니다. 여울과 다솜, 유준, 지후는 학교의 창업 공모전에 참가하기로 하고 아이디어를 모읍니다. 아이들은 '10대를 위한 비밀상자'라는 콘셉트를 정하고 여울 엄마의 가게 재고로 남은 화장품을 팔기로 합니다. 아이들이 만든 시크릿 박스는 완판되고 성공을 거두지만 예기치 못한 일로 곤혹을 치르고 좌절을 겪기도 합니다.

시크릿 박스는 상품이 아니라 10대의 문화를 파는 것입니다. 여러분이 생각하는 10대의 문화에는 어떤 것이 있나요? 그리고 내일의 시크릿 박스에는 어떤 것이 담길까요?

함께 보면 좋아요
『맛깔스럽게 도시락부』 범유진 지음, 살림Friends, 2017
『치약으로 백만장자 되기』 진 메릴 지음, 잔 파머 그림, 노은정 옮김, 시공주니어, 2012

낱말 퍼즐

[크로스워드 퍼즐 격자]

정답

가로 | 1.무지갯빛 2.터치 3.쓰레기 4.실내화 5.단편 6.크리스털 7.체전입 8.운동기구 9.산수유 10.이동식 11.타자원 12.대답 13.사냥기 14.스캔들

세로 | ①가드닝 ②시집살 ③장기체육대회 ④실내용품 ⑤유통화인니스 ⑥신용 ⑦공모자 ⑧야동 ⑨수입 ⑩가치

【가로】

1. 업체로부터 어떠한 것도 받지 말자는 약속을 깨고 다솜이 받은 것.

2. '10대를 위한 비밀 상자' 콘셉트에 맞게 함께 넣었던 ○○○ 엽서. 상품이 완판될 수 있었던 일등공신.

3. 사업을 준비하면서 이 업무를 유준의 쌍둥이 누나 유선에게 부탁함. 유선은 유비고 세무○○학과에서 탑을 하는 인재.

4. 가난한 유선이 친구 집에 갔다가 부러워한 것. 실내에서 신는 신발.

5. 고객이 구매한 물건을 받아본 후 다시 돌려보내는 것.

6. 여울이 나가게 된 뷰티쇼의 이름.

7. 사업이 성공할수록 아이들은 자신이 맡은 일과 업무에 대해 이 마음이 커지기 시작함. 자신이 맡은 임무나 의무를 소중하게 여기는 마음.

8. 10월 상품에 들어 있던 화장품의 ○○○○을 지키지 않았다고 항의가 들어옴.

9. 지후의 할머니. 아이들의 사업에 대해 조언해주는 등장인물.

10. 아이돌 가수 제오가 ○○○에게 선물한 시크릿 박스를 SNS에 올린 덕분에 판매가 급증함.

11. 국문과를 졸업하고 공인중개사를 하는 여울 아빠가 부업으로 하는 일.

12. 아리아 화장품은 시크릿 박스를 ○○하려고 1억 5천만 원의 금액을 제시함. 물건이나 권리를 넘겨받는 것.

13. 지후의 할머니는 우리나라 최초로 통신판매를 시작한 전설적인 ○○○로 알려짐.

14. 여울은 뷰티쇼가 끝난 뒤 제오와 식사하는 사진이 찍혀 ○○○이 남. 매우 충격적이고 부도덕한 사건에 대한 소문.

【세로】

① 제품을 포장하고 회의하기 위해 쓰인 지후네 집의 공간.

② 구매자들이 상자를 열 때 무엇이 들었을지 궁금해하길 바라는 의미로 지은 이름. 아이들이 판매한 상품의 이름.

③ 사업이 잘될수록 아이들이 힘들어하자 여울이 비유한 경제 법칙. '사과를 한두 개 먹을 때는 맛있지만, 계속 먹다 보면 처음처럼 맛있지 않고 물린다.'

④ 여울 엄마 가게의 재고로 남은 물건. 시크릿 박스의 주력 상품이 됨.

⑤ 아이들이 다니는 학교의 이름. ○○○○○○고등학교

⑥ 아이들은 상품에 ○○과 비밀의 의미를 담아 포장하여 판매함. Gift.

⑦ 사업을 시작하기 전 아이들이 아이템 구상과 홍보를 위해 10대들에게 직접 실시한 것. 통계자료를 얻기 위해 특정한 주제에 대한 질문을 만들어 모으는 조사.

⑧ 다른 회사에 상표를 넘기는 것을 포기하고 앞으로의 계획과 감사하고 죄송한 마음의 글을 홈페이지에 올린 사람.

⑨ 유준은 정산하여 받은 돈의 30퍼센트만 남기고 모두 엄마에게 드리고 뿌듯해함. 이익으로 들어오는 돈.

⑩ 선우 여사는 물건을 파는 건 단순히 장사가 아닌 이것을 만들어내는 것이라고 함. 價値.

되새김 발문 : 내용을 되새겨 보아요

1. 다음 등장인물들과 설명을 연결해보세요.

① 여울 • 　　　　• ⓐ 자신을 드러내기 위해 SNS 활동에 매진함. 시크릿 박스 사업에서 홍보와 마케팅을 담당.

② 다솜 • 　　　　• ⓑ 그림 그리기를 좋아하며 유순한 성격의 소유자. 시크릿 박스 사업에서 디자인을 담당.

③ 유준 • 　　　　• ⓒ 특성화고에 다니는 것에 자격지심이 있으나 스스로에게 용기를 줌. 시크릿 박스 사업 전체를 총괄.

④ 유선 • 　　　　• ⓓ 자신의 집 지하실을 사무실로 내주면서 시크릿 박스에 합류함. 홈페이지 관리와 경영지원을 담당.

⑤ 지후 • 　　　　• ⓔ 똑똑하고 계산이 빠름. 처음에는 시크릿 박스의 회계 업무에 대한 수당을 요구했지만 나중에는 무료 봉사함.

2. 학교를 마친 여울이 집에 가자 엄마의 가게를 정리한 박스들이 있었습니다. 그 박스에는 무엇이 들어있었나요? (16쪽)

3. 유한비즈니스고에서 학교를 홍보하여 지원자 수를 늘리기 위해 만든 방법입니다. 재학생을 대상으로 상금 100만 원을 걸고 개최한 이 대회는 무엇인가요? (26쪽)

4. 성공한 사업가로 인정받는 선우 여사는 물건을 파는 건 단순히 장사가 아니라 무엇을 만들어내는 것이라고 했나요? (62쪽)

5. 아이돌 가수가 SNS에 올린 글 때문에 시크릿 박스의 판매가 급증한 일처럼 10대들이 아이돌에 열광하고 그 문화를 사는 것과 같은 현상이 유행처럼 번지고 있습니다. 특정한 인물이나 분야를 열성적으로 좋아하는 사람들 또는 그러한 문화 현상을 무엇이라고 하나요? (81쪽)

6. 시크릿 박스 2탄은 예쁜 일러스트가 그려져 있는 미니 물병과 미스트, 마스크 팩과 인공 눈물로 구성하기로 했습니다. 시크릿 박스 2탄의 콘셉트는 무엇인가요? (102쪽)

7. 국문과를 졸업하고 공인중개사를 하는 여울의 아빠가 부업으로 대필하고 있는 것은 무엇인가요? (127쪽)

8. 시크릿 박스가 첫 성공을 거두자 지후와 여울은 셀라 화장품 담당자들과 만났습니다. 돌아오는 길에 지후가 여울에게 다음의 글귀를 적어 선물한 것은 무엇인가요? (168쪽)

> "한 걸음, 한 걸음 다 같이 걷자. 혼자 힘들게 다 하려고 하지 마."

9. 부모님 없이 선우 여사와 함께 살고 있는 지후는 아빠와의 일 때문에 선우 여사를 냉랭하게 대합니다. 지후의 아빠는 지금 어디에 있나요? (208쪽)

10. 시크릿 박스가 성공을 거두자 아리아 화장품 회사에서 인수하겠다는 제안을 합니다. 아리아 화장품에서 제시한 인수 금액은 얼마인가요? (228쪽)

정답

1. ①-ⓒ, ②-ⓐ, ③-ⓑ, ④-ⓔ, ⑤-ⓓ | 2. 화장품 | 3. 창업경진대회 | 4. 가치 | 5. 팬덤 | 6. 수분보충 | 7. 반성문 | 8. 책 | 9. 감옥 | 10. 1억5천만 원

해석적 발문 : 다양하게 생각해 보아요

1. 아이들이 준비한 첫 시크릿 박스는 걱정과는 달리 완판되었습니다. 여러 번의 회의를 거쳐 찾은 아이디어와 선우 여사의 조언 덕분입니다. 이 외에도 시크릿 박스가 성공을 거둘 수 있었던 이유는 무엇이라고 생각하나요? (54쪽)

2. 시크릿 박스가 완판되자 여울은 선우 여사를 찾아갑니다. 선우 여사는 돈을 많이 벌고 싶다는 여울에게 물건을 파는 건 단순히 장사가 아니라 새로운 가치를 만들어내는 것이라고 말합니다. 선우 여사가 말한 새로운 가치는 어떤 의미인가요? (62쪽)

3. 아이들은 문제가 된 상품을 전액 환불 처리하기로 하고 결백도 주장하려 합니다. 그러나 선우 여사는 당장의 문제 처리에만 급급하지 말고 진짜 지키고 싶은 것이 무엇인지를 생각하라고 합니다. 아이들이 잃고 싶지 않은 것은 무엇이라고 생각하나요? (231쪽)

4. 시크릿 박스의 10월 구성품 중에 유통기한이 조작된 셀라 화장품이 들어 있었습니다. 이 일로 시크릿 박스가 재고떨이 상품을 판매하는 곳으로 매도되자 아이들은 전액 환불하기로 결정을 내립니다. 전액 환불 외에 아이들에게 필요한 다른 해결법은 무엇이 있을까요? (234쪽)

5. 회계 업무를 처음 맡았을 때는 자신의 수당을 꼭 챙겨 받았던 유선이 환불해주는 회계 업무를 선뜻 맡겠다고 나섰습니다. 게다가 돈도 받지 않고 해주겠다고 해서 유준을 놀라게 합니다. 왜 유선은 무료로 회계 업무를 봐주겠다고 했을까요? (236쪽)

선택적 발문 : 입장을 선택해 보아요

1. 아이돌 가수 제오가 SNS에 올린 글이 화제가 되자 시크릿 박스의 판매가 급증했습니다. 유명 연예인의 개인적 취향 덕분에 판매에 성공한 것입니다. 여러분은 연예인의 선택에 따라 판매가 좌우되는 소비 형태를 어떻게 생각하나요? (148~149쪽)

> 연예부 기자들은 여느 때와 같이 연예인의 SNS를 실시간으로 검색하여 그걸 기사화했고 시크릿 박스도 그 대상이 되었다. 그러자 제오의 팬들뿐만 아니라 다른 10대들도 궁금증에 시크릿 박스 홈페이지에 들어갔고 이는 트래픽 초과로 이어졌다. 그렇게 되다 보니 또다시 시크릿 박스는 화제가 되었다. 도대체 시크릿 박스가 뭐기에 실시간 검색어에 오르는지 검색하는 사람들이 점점 더 늘었다. 눈덩이가 구르면 구를수록 더 커진다는 스노우볼 효과가 지금 나타나고 있다.

☐ 공감한다   ☐ 공감하지 않는다

이유 _____

2. 아리아 화장품에서 시크릿 박스 인수금으로 1억5천만 원을 제시했지만 여울은 거절합니다. 여러분은 여울의 결정을 어떻게 생각하나요? (206쪽)

> 백부장은 조근조근 이야기를 했고 여울은 가만히 그 이야기를 들었다. 여러 화장품 회사에서 시크릿 박스와 유사한 상품을 내놓았다. 선점 효과 덕분으로 시크릿 박스가 가장 유명하고 판매량이 높지만 점점 대기업 화장품 회사에서 만든 제품들이 치고 올라오는 실정이다. 자본력과 마케팅 수단이 달리는 시크릿 박스는 점차 뒤처질 것이다. 아리아 화장품은 뒤늦게 시작하여 인지도가 없는 대신 시크릿 박스의 상표를 가져와 상품을 제작하고 싶어 했다. 그렇게 되면 둘 다에게 윈윈이지 않느냐고 백부장이 말했다.

☐ 받아들이는 것이 낫다.   ☐ 거절하는 것이 낫다

이유　

3. 지후 아빠는 회사를 경영하던 중 계약 위반으로 고소를 당해 감옥에 가게 되었습니다. 지후는 그때 아빠를 도와주지 않은 선우 여사를 원망합니다. 그런 지후에게 선우 여사는 아들을 도와줄 수 없었던 마음을 고백합니다. 여러분은 선우 여사의 선택에 대해 어떻게 생각하나요? (231쪽)

> "네 아빠 일은…… 나도 너무 속상했단다. 어느 부모가 자식을 감옥에 보내놓고 마음이 편할 수 있겠니? 만약 휘석이가 병에 걸려 수술비가 필요했던 거라면 나는 고민하지 않고 회사를 팔았을 거야. 나는 내 선택을 후회하지 않아. 그게 내가 아들을 지키는 방법이었어."

☐ 공감한다   ☐ 공감하지 않는다

이유

사색적 발문 : 생각을 넓혀 보아요

1. 여울과 아이들은 재고 화장품을 판매하기 위한 방법을 의논하면서 자신들의 소비 형태를 먼저 따져 봅니다. 여러분이 물건을 살 때 가장 많이 고려하는 점은 무엇인가요? (42~43쪽)

2. 시크릿 박스 1탄이 완판되자 아이들은 각자 역할을 나누어 새롭게 2탄을 준비합니다. 여러분이 시크릿 박스를 만드는 멤버라면 어떤 일을 맡고 싶은가요? 각자 하고 싶은 일을 체크하고 그 이유를 이야기해 보세요. (80~81쪽)

☐ 홍보 및 마케팅　☐ 디자인　☐ 홈페이지　☐ 총괄　☐ 회계

이유 :

3. 시크릿 박스는 단순히 물건을 파는 것이 아니라 10대가 직접 만들고 10대의 문화를 파는 상자입니다. 여러분이 생각하기에 상품 가치가 있는 10대의 문화에는 어떤 것들이 있나요? (81쪽)

4. 여랑은 정년이 보장되고 연금도 나오는 공무원이야말로 최고의 직업이라고 생각합니다. 다음 중 여러분이 직업을 선택할 때 가장 중요하게 생각하는 것을 고르고 그 이유를 적어보세요. (112~113쪽)

☐ 적성·흥미   ☐ 보람·자기 발전   ☐ 발전성·장래성   ☐ 안정성   ☐ 명예·명성

이유 :

5. 여울은 스스로 잘했다고 생각할 때 자기 머리를 쓰다듬으며 칭찬합니다. 여러분은 스스로를 어떻게 칭찬하고 있나요? (166쪽)

6. 아이들은 환불 처리 사태 이후 앞으로 시크릿 박스를 어떻게 운영하고 쌓여있는 박스를 어떻게 처리할지에 대해 고민합니다. 시크릿 박스의 미래가 어떻게 될지 상상해 보세요. (247쪽)

북돋움 활동 1

시크릿 박스 사업 평가표

시크릿 박스는 10대가 만든 10대의 문화를 상징합니다. 기대 이상의 성공에 들뜨기도 했고 예상치 못한 사건으로 전액 환불하는 아픔을 겪기도 했습니다. 여러분은 시크릿 박스의 사업에 대해 어떻게 생각하는지 아래의 사업평가표를 작성해 보세요.

항목	별점	이유
상품성	☆☆☆☆☆	
판매 전략	☆☆☆☆☆	
참신성	☆☆☆☆☆	
수익성	☆☆☆☆☆	

북돋움 활동 2

내가 만드는 시크릿 박스 계획서

여러분이 시크릿 박스를 만들어 판매한다면 어떻게 기획하고 싶은지 여러분만의 시크릿 박스를 구상해 보세요.

이름		판매 대상	
콘셉트			
구성품			
판매 가격			
판매 전략			
이미지			

#14
청소년들에게 놀이를 허하라!

#놀이, #즐거움, #자유, #청소년, #자본주의, #잉여, #자발적, #즐기기,
#취미, #동아리, #고민, #함께, #그냥, #진로, #대학, #포틀래치, #친구, #나눔

About the Book

우리들의 비밀 놀이 연구소
조유나 지음, 사계절, 2016

공부에 대해서는 자주 생각하지만 노는 것에 대해서는 생각하는 일이 드문 오늘날의 청소년을 위한 책입니다. 대한민국의 평범한 중2, 박명수를 통해 청소년의 놀이를 관찰하고 놀이의 가치를 찾아봅니다. 명수와 함께 놀이 연구소를 들여다보면서 자신에게 재미있고 의미 있는 것을 찾고 잠재된 가능성을 발견할 수도 있을 겁니다.

자본주의 사회에서는 놀이도 산업이 되어 돈이 있어야 놀 수 있다는 생각이 만연합니다. 과연 그럴까요? 이 책을 읽고 놀이에 대해 새롭게 생각해 보는 계기가 되길 바랍니다.

함께 보면 좋아요
『호모 루덴스 : 놀이하는 인간을 꿈꾸다』 노명우 지음, 사계절, 2011
『공짜로 놀아주마』 고정욱 지음, 웅진지식하우스, 2014
『논다는 것』 이명석 지음, 너머학교, 2012

낱말 퍼즐

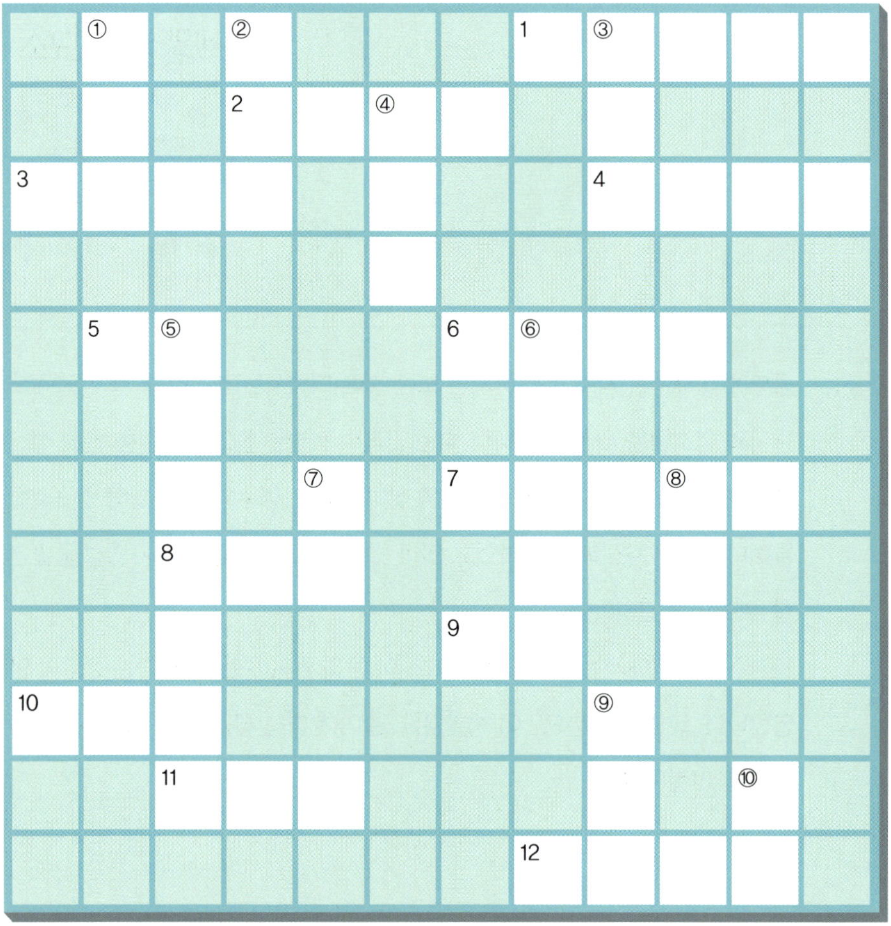

정 답

가로 | 1.놀이공작단 2.아마추어 3.질라가리 4.자본주의 5.투서 6.아이언맨 7.라이트노벨 8.대자보 9.부족 10.인류학 11.교장실 12.포틀래치

세로 | ①카메라 ②동아리 ③이기자 ④추임새 ⑤서머힐대안학교 ⑥이누이트족 ⑦초보 ⑧노동자 ⑨타이틀 ⑩자치

【가로】

1. 명수와 아이들이 취미를 함께 나누며 다양한 놀이를 하기 위해 만들기로 한 동아리 이름.
2. 예술이나 스포츠, 기술 등을 취미로 삼아 즐겨하는 사람. 프로의 반대말.
3. 명수의 아빠 친구가 활동하는 음악 밴드의 이름.
4. 심오한 박사님의 말에 따르면 더 많이 벌기 위해 일하는 시간이 길어진 것은 ○○○○ 경제 체제가 발달하면서부터라고 함.
5. 아이들이 대자보를 붙인 것을 몰래 교장 선생님께 알림. 드러나지 않은 사실이나 남의 잘못을 적어서 어떤 기관이나 대상에게 몰래 보내는 것.
6. 명수가 대자보에 적은 가명.
7. 형수가 좋아하는 책의 장르. 주로 일본에서 젊은 층을 대상으로 나온 만화 같은 소설.
8. 놀이에 대한 아이들의 고민을 접수하기 위해 큰 종이에 글을 써서 붙임. 자신들의 주장이나 홍보를 위해 큰 글씨로 글을 써서 붙이는 게시물.
9. 과거 원시사회에서 같은 조상, 언어, 종교 등을 가진 지역적 생활 공동체.
10. 학생들의 놀이에 대해 연구하는 심오한 박사님의 전공. 인간의 모든 것을 연구하는 학문.
11. 세종은 자신을 상담해 주었던 사람이 명수라는 사실을 알게 되자 화가 나서 ○○○에 명수를 제보함.
12. 과거 북아메리카의 치누크 부족이 열던 축제. 재물이 많은 부족이 없는 부족에게 재물을 나눠줌으로써 상대에게 자신이 더 우위에 있음을 과시하는 축제.

【세로】

① 명수가 아르바이트비를 받으면 사고 싶어 하는 물건.
② 명수와 설리, 형수는 자신들이 하고 싶은 것을 하며 노는 ○○○를 만들기로 함. 같은 뜻을 가지고 모인 무리.
③ 학생 회의에서 명수와 친구들이 동아리를 소개할 때 계속 방해한 학생의 이름.
④ 음악에서 음 사이사이에 흥을 돋우기 위해서 넣는 소리.
⑤ 설리가 세계중학교로 전학을 오기 전에 다녔던 영국 학교의 이름. 자율적이고 자기주도적인 학습 분위기로 유명한 대안학교.
⑥ 캐나다의 원주민 중 북극 지역에 사는 부족의 이름. 이 부족은 문제가 생기면 축제를 벌여서 노래 대결을 통해 공개적으로 잘잘못을 가림.
⑦ 명수는 우연히 발견한 전단지를 보고 처음으로 아르바이트를 시작함. 어떤 일이나 기술의 습득 등을 처음 시작하는 단계나 수준.
⑧ 개신교가 널리 퍼지던 시절, ○○○에게 일을 더 많이 시키고 싶었던 공장장들이 개신교의 교리인 금욕과 절제를 강조함. 노동력을 제공하고 얻은 임금으로 생활을 유지하는 사람.
⑨ 『우리들의 비밀 놀이 연구소』는 이 책의 제목. '제목'을 뜻하는 영어 단어.
⑩ 명수네 학교 학생들은 동아리에 대한 심사도 학생들이 스스로 진행하여 결정함. 자신들의 일을 스스로 다스린다는 뜻.

되새김 발문 : 내용을 되새겨 보아요

1. 다음 등장인물들과 설명을 연결해 보세요.

① 명수 •

② 형수 •

③ 설리 •

④ 이기자 •

⑤ 세종 •

• ⓐ 친구가 자기 몰래 아이들이 노는 모습을 관찰하며 기록하는 알바를 하는 것이 서운해 친구가 작성하던 노트를 몰래 가져갔던 아이.

• ⓑ 청소년 놀이에 대해 연구하는 박사님의 딸이자 영국에서 전학 온 아이. 대자보에 쓴 닉네임은 '센'.

• ⓒ 청소년 놀이 동아리에 대해 학생 회의에서 발표할 때 지속적으로 방해한 아이.

• ⓓ 청소년 놀이 실태에 대해 조사하는 아르바이트를 한 아이. 대자보에 쓴 닉네임은 '아이언맨'.

• ⓔ 놀이 연구소에 상담 편지를 보냈는데 그 상담자가 친구인 것을 알고 화가 나 교장실에 제보한 아이.

2. 좋아하는 윤하가 최동진 선생님이 담당한 동아리에 가입하자 명수도 따라서 가입합니다. 어떤 동아리인가요? (13쪽)

3. 아르바이트를 하기 위해 명수가 찾아간 곳은 청소년들의 놀이에 대해 연구하는 곳이었습니다. 명수에게 조사하는 일을 잘 해주면 카메라를 주겠다고 제안한 박사님의 이름은 무엇인가요? (21쪽)

4. 아이들이 야심 차게 준비한 대자보는 '3분 천하'처럼 붙여진 지 3분 만에 떼어졌습니다. 그렇지만 그 내용은 파다하게 소문이 납니다. 이것이 가능했던 것은 무엇 때문인가요? (57쪽)

5. 자신보다 성적이 좋은 친구가 밉다고 한 학생에게 놀이 연구소 아이들은 치누크 부족의 축제에 대한 이야기를 들려줍니다. 자신의 것을 나눠주면서 자

기가 더 우위라는 것을 확인하는 그 축제는 무엇인가요? (74쪽)

6. 하고 싶은 일이 있는데 돈이 없을 때 사람들에게 만 원, 이만 원씩 소액 투자를 받아 일을 시작할 수 있게 합니다. 그리고 일이 잘 되었을 때 투자해 준 사람들에게 약속했던 일들을 해 주는 이 시스템은 무엇인가요? (90쪽)

7. 생산적인 일을 하지 않고 쓸모없는 행동이나 하면서 시간 때우는 것을 아이들 말로 무슨 짓이라고 하나요? (102쪽)

8. 형수는 주로 일본에서 젊은 층을 대상으로 나온 만화 같은 소설인 라이트 노벨 읽기를 좋아합니다. 형수처럼 자신이 좋아하는 분야에 몹시 열중하는 사람을 일컬어 무엇이라고 부르나요? (112쪽)

9. 박사님이 얘기한 진짜 놀이의 조건은 무엇인지 ①, ②, ③을 채워 보세요. (135쪽)

> 첫째, (①)인 의사로 해야 함.
> 둘째, 대가와는 무관하게 그저 (②) 위해 해야 함.
> 셋째, 수단과 (③)이 일치해야 함.

10. 랩을 할 때 상대의 잘못을 공개적으로 공격하면서 자신의 주장을 내세우는 것을 무엇이라고 하나요? (168쪽)

> **정답**
>
> 1. ①-ⓓ, ②-ⓐ, ③-ⓑ, ④-ⓒ, ⑤-ⓔ | 2. 영화감상반 | 3. 심오한 | 4. SNS | 5. 포틀래치 | 6. 소셜 펀딩 | 7. 잉여 | 8. 덕후 | 9. ① 자발적 ② 즐기기 ③ 목적 | 10. 디스 (디스리스펙트 disrespect)

해석적 발문 : 다양하게 생각해 보아요

1. 관찰 아르바이트를 시작한 명수는 스트레스를 풀려고 쉬는 시간마다 복도에서 괴성을 지르며 달리는 친구들을 보고 저렇게 노는 것을 자제해야겠다고 생각합니다. 명수는 왜 그렇게 생각했을까요? (36~37쪽)

2. 심오한 박사님은 놀이의 장점에 대해 이야기해 주지만, 노는 것을 죄스럽게 여겼던 명수와 형수는 박사님의 말을 수긍하기 어렵습니다. 왜 명수와 형수는 노는 것을 죄스럽게 생각할까요? (37~38쪽)

3. 심오한 박사님은 자본주의 사회가 되면서 노동자들에게 더 많은 일을 시키기 위해 금욕과 절제를 강요했던 과거의 이야기를 들려주었습니다. 여러분은 일상생활을 통제하고 금지하는 것이 많아지는 이유가 무엇이라고 생각하나요? (43~44쪽)

4. 학생 회의에서 동아리를 소개하던 날, 최동진 선생님은 놀이의 필요성에 대해 말하며 청소년들이 잘 놀 수 있도록 도와주어야 한다고 했습니다. 여러분이 생각하는 '잘 논다'의 의미는 무엇인가요? (163쪽)

5. 놀이 연구소에는 다양한 고민 상담이 들어옵니다. 다섯 가지 고민 중 가장 공감하는 것을 고르고 그 이유를 이야기해 보세요.

☐	**놀 시간 따윈 없어요.** 쉬지 않고 공부만 하는데도 만년 2등이라 늘 1등하는 ○○이 너무 미워요. 그래서 나는 여전히 공부하느라 바빠요. (58~59쪽)
☐	**음악하면 굶어 죽는다는데…** 나는 음악이 좋아서 래퍼가 되는 게 꿈인데, 제대로 된 음악 공부 할 시간이 없어 속상해요. 게다가 어른들은 음악 하면 굶어 죽는다며 취미로만 하래요. (59~60쪽)
☐	**덕후질을 하는 나는 잉여인간일까요?** 나는 라이트 노벨 읽는 걸 좋아하는데, 어른들은 쓸데없는 것에 관심을 가져서 머리에 똥이 한가득 찼다고 비난해요. (100~101쪽)
☐	**놀기엔 용돈이 부족해요.** 친구들과 놀려면 돈이 필요한데 용돈이 부족해요. 그래서 친구들 모임에 자주 빠지니 소외된 느낌이 들어요. (126~127쪽)
☐	**남을 괴롭혀야 재미있는 것도 놀이일까요?** 다른 사람을 우스꽝스럽게 그림을 그리거나 의도적으로 조롱하는 표현을 해서 즐거운 것도 놀이일까요? (142~143쪽)

이유 :

선택적 발문 : 입장을 선택해 보아요

1. 학교에 대자보가 붙은 뒤 교장 선생님에게 놀이 연구소 아이들의 행동이 면학 분위기를 흐린다는 익명의 제보가 들어왔습니다. 여러분은 학교생활에서 놀이와 공부 중 어디에 더 가치를 두고 있나요? (78쪽)

☐ 놀이   ☐ 공부

이유 ....

2. 자신보다 성적이 좋은 친구가 밉다는 상담자의 고민에 놀이 연구소 아이들은 포틀래치를 응용하여 해결점을 찾으라고 조언합니다. 이 말에 학생들은 상반된 의견으로 나뉩니다. 이기자는 공부할 시간이 모자라 친구들 공부까지 도와주는 것은 어렵다고 합니다. 반면 1학년 여학생은 친구들에게 공부를 가르쳐주면서 자신도 공부가 된다고 합니다. 여러분은 어느 쪽 의견에 더 공감하나요? (159쪽)

☐ 이기자   ☐ 1학년 여학생

이유 ....

3. 이누이트족은 마을에 문제가 생기면 축제를 벌여 노래 대결로 잘잘못을 가리고, 아무 일 없었던 것처럼 일상으로 돌아갔습니다. 여러분은 이러한 이누이트족의 방법이 문제 해결에 도움이 된다고 생각하나요? (169쪽)

☐ 도움이 된다   ☐ 도움이 되지 않는다

이유 ....

사색적 발문 : 생각을 넓혀 보아요

1. 명수는 아이들이 노는 모습을 관찰하면서 교실의 풍경을 기록했습니다. 다음에 제시한 명수의 관찰 노트를 보고 여러분은 평소에 어떻게 노는지 이야기해 봅시다. (26~28쪽)

남학생 관찰 노트	여학생 관찰 노트
1. 말뚝박기를 한다. 2. 칠판에 올라간다. 3. 실내화로 축구를 한다. 4. 추격전을 벌인다. 5. 괴성을 지른다. 6. 그냥 때린다.	1. 여학생들의 3대 놀이 귀중품 -화장품 / 인기 아이돌 사진 / 스마트폰 2. 여학생들의 부류 ① 놀자파 -쉬는 시간이면 화장을 한다. -말끝마다 욕이 5개씩 붙는다. ② 모범생파 -공부 잘하고 성실하여 선망의 대상이다. ③ 평범파 -성적과 성격이 무난하다. 학생답고 착실한 편이다. ④ 코믹파 -유머로 승부를 걸지만 흔치 않은 캐릭터이다.

2. 포틀래치는 재물을 많이 가진 부족이 없는 부족에게 재물을 나눠줌으로써 자신이 더 우위에 있음을 과시하는 치누크 부족의 문화입니다. 만약 여러분이 포틀래치 축제에 참가한다면 무엇을 나눠주고 싶은가요? (67~68쪽)

포틀래치 축제에서 내가 나눠주고 싶은 것 :

이유:

3. 명수는 질라가리 아저씨의 조언을 받아 뮤직맨에게 답장을 씁니다. 질라가리 아저씨는 본업 이외에 밴드 활동을 취미로 하고 있으며 음악을 하는 데에는 다양한 방식이 있다고 조언합니다. 여러분도 본업 이외에 취미로 평생 하고 싶은 것이 있다면 소개해 주세요. (88쪽)

본업 이외에 평생 취미로 삼고 싶은 것:

이유:

4. 오늘날 자본주의 사회에서는 놀이도 산업이 되어 놀기 위해서 돈을 써야 합니다. 돈이 필요한 놀이와 그렇지 않은 놀이를 비교해 보고 돈을 들이지 않고도 놀 수 있는 여러분만의 놀이가 있다면 소개해 주세요. (131~132쪽)

돈이 필요한 놀이	돈이 필요 없는 놀이

5. 놀이를 할 때는 내가 즐겁기도 해야 하지만 상대방의 입장도 생각해야 합니다. 놀면서 상대방이 기분 상하지 않는지, 신체적으로 괴롭지 않은지 등의 배려도 필요합니다. 다음 글을 읽고 여러분이 가장 중요하게 생각하는 놀이정신과 그 이유를 이야기해 보세요. (147쪽)

> "야, 내가 그렸던 건 풍자라는 거야. 너도 재밌어했잖아! 웃겨 죽으려고 했던 게 누군데. 그렇게 기분 나쁠 만한 것도 아니었다고. 그러니까 학생 주임도 그냥 넘어갔던 거지."
> 내가 형수를 흘겨보자, 설리가 말했다.
> "그림 저격수의 그림이 부당하게 당한 일을 비꼬거나 권력자를 풍자한 것이었다면, 명수 그림을 보고 형수가 재미있어했던 것처럼 함께 즐겼을 거라는 생각이 들어. 그런데 그 남자아이는 주변 친구들을 모두 조롱거리로 만들려고 그린 셈이니까 유유도 당황했던 거겠지."

내가 생각하는 놀이정신은 _____ 이다.

북돋움 활동 1

놀이의 기능

1. 『우리들의 비밀 놀이 연구소』는 청소년들의 놀이 문화와 실태에 대해 쓴 성장소설입니다. 놀이에 대해 죄의식을 갖고 있는 청소년들에게 놀이를 통해 성장하고 문화를 만들 수 있다는 메시지를 전합니다. 여러분이 알고 있는 놀이 형태는 어떤 것들이 있나요? 아는 놀이, 해 본 놀이, 하고 싶은 놀이 등 무엇이든 좋습니다.

2. 놀이의 형태와 방법에 따라 의미를 부여할 수 있습니다. 위 1번에 작성한 여러분들의 놀이 중에서 하나를 골라 그 놀이가 가지고 있는 장점에 대해 이야기해 보세요.

> 예) 제기차기: 몸을 움직이면서 에너지를 발산할 수 있고 제기를 잘 맞추려고 집중할 수 있다.
> 소꿉놀이: 역할 놀이를 하면서 관계 형성이나 사회적 역할을 모방해 볼 수 있다.

내가 고른 놀이:

내가 고른 놀이의 장점:

북돋움 활동 2

청소년 동행카드 예산 짜기

서울시 성북구에서는 2017년 6월부터 2017년 12월까지 성북구에 사는 중학교 1학년 학생과 만 13세의 학교 밖 청소년 등을 대상으로 다양한 진로 탐색을 지원하는 '동행카드제'를 시행했습니다. 동행카드는 연간 10만 원의 포인트를 적립한 형태로 서점과 극장, 박물관, 학원, 교습소 등 문화, 예술 체육 활동과 진로 체험이 가능한 곳에서 사용할 수 있습니다. 만약 여러분이 청소년 동행카드를 발급받는다면 어떻게 사용할 것인지 발급 취지에 맞도록 상세한 계획을 세워봅시다.

청소년 동행카드 사용 내역(예산)	
항목	지출 금액
총액	100,000원

#15
네가 가진 진정한 아름다움

#플라스틱, #아름다움, #성형수술, #진짜, #가짜, #안티, #자연미인, #자신감, #부작용, #중독, #응원, #존중, #자기애, #만족, #청소년

About the Book

플라스틱 빔보
신현수 지음, 자음과모음, 2015

'뮬란'이라는 별명도 싫어하지 않던 혜규가 '플라스틱 빔보'라는 성형수술 관련 카페를 개설한 것은 얼굴을 다치고 나서였습니다. 얼굴의 부기가 가라앉자 본래의 모습으로 돌아왔는데도 계속해서 자신의 얼굴이 이상하게 느껴집니다. 혜규의 마음이 변하기 시작한 것은 성형을 부추기는 듯한 주변의 분위기 때문이었습니다.

성형수술을 한 얼굴은 진짜일까요, 가짜일까요? 성형수술에 대한 청소년들의 생각과 그에 대한 고민이 잘 드러나 있습니다. 성형에 관한 생각을 자유롭게 나눠보세요.

함께 보면 좋아요
『예뻐지고 싶어』 야나 프라이 지음, 장혜경 옮김, 지상의책, 2017
『미인의 법칙』 나윤아 지음, 뜨인돌, 2017
『플라스틱 소녀』 사라 N. 하비 지음, 이혜인 옮김, 라임, 2016
『다이어트 학교』 김혜정 지음, 자음과모음, 2012

낱말 퍼즐

가로 | 1.증언영상 2.사용 3.아나운서 4.기필코 5.고드름 6.이사 7.새물 8.등산스토레이드 8.장아이인 9.빠끄따끼 10.유탄 11.솥까풀

세로 | ①등산스토레이드 ②용관 ③청도문 ④나지랑 ⑤누수 ⑥피라 ⑦고다데이트 ⑧이용상 ⑨품 앉기 ⑩용기 ⑪대가자 ⑫인타류 ⑬중동

정답

【가로】

1. 성형수술을 반대하기 위해 만든 모임. '본판 유지를 맹세한 청소년들의 모임'이라는 뜻을 줄여서 만든 이름.

2. 호찬과 리샤의 관계. 부모님의 친형제 자매의 아들이나 딸을 촌수로 따져서 이르는 말.

3. 혜규의 언니인 혜윤은 ○○○○가 되기 위해 취직 시험을 준비하지만 번번이 낙방함.

4. 성형수술을 받다가 죽은 리샤 사건 이후에도 ○○○ 성형수술을 하려고 하는 아이들이 있음. '기어이 꼭'이라는 뜻의 부사.

5. 원장이 상담과 마취만 하고 실제 수술을 대신하는 의사. 섀도 닥터라고도 함.

6. 질이나 상태 등을 알리기 위해 본보기로 보이는 물건을 뜻하는 영어식 표현.

7. 꽃뫼중학교 노동우 미술 선생님의 또 다른 직업. 광고나 영상매체의 그림 또는 문양을 도안하고 제작하는 사람.

8. 성형수술을 하지 않은 미인. 성형미인의 반대말로 쓰이기도 함.

9. 선아와 혜규가 인터넷 카페에서 이벤트에 당첨되어 무료 상담을 받으러 갔던 병원. 호찬의 아버지가 운영하는 성형외과의 이름.

10. 성형수술에 관심이 많은 아이들이 주로 접속하는 인터넷 사이트. 2주일간 병결석을 했던 혜규가 다시 조퇴를 하고 와서 곧바로 접속했던 사이트.

11. 혜규가 처음에 하고 싶다고 생각했던 성형수술. 비교적 안전하고 가벼운 수술이라고 생각하여 쉽게 성형하려는 부위.

【세로】

① 미용을 위한 성형수술은 의사들이 지켜야 할 의료윤리를 일컫는 이 선서에 어긋나는 행위임. 의학의 아버지라 일컫는 사람의 이름이 들어감.

② 성형수술 이전의 얼굴. 본디부터 가지고 있는 근본이 되는 바탕.

③ 과도한 성형수술에 대한 문제가 제기되자 ○○○의 성형수술이 사회적 이슈가 됨. 미성년의 젊은이들을 통틀어서 이르는 말.

④ 성형에 관련해 근거 없는 소문에 휩싸이자 노댕쌤이 학교를 퇴직하기 위해 제출한 것.

⑤ 호찬에게 리샤는 ○○. 같은 항렬에 있는 손위 여자 형제를 남자의 입장에서 가리켜 부르는 말.

⑥ 일정한 자격을 가지고 학생을 가르치는 사람. 노댕쌤의 직업은 미술○○.

⑦ 병원에서 직원들의 서비스 교육 또는 환자들의 문제를 상담하는 일을 하는 사람.

⑧ 성형수술로 인해 서로 비슷한 외모를 갖게 되는 것을 ○○○ 쌍둥이라고 부름.

⑨ 학생들이 모여 성형에 대한 정보를 공유하기 위해 혜규가 개설한 클럽 이름.

⑩ 수술을 받던 중에 과다 출혈로 사망한 리샤가 성형수술의 부작용에 대한 메시지를 남긴 방법. 동영상과 ○○.

⑪ 성형수술을 반대하는 아이들의 모임에서 첫 번째로 한 활동은 ○○○를 써서 붙인 것. 주장이나 홍보를 위해 큰 글자로 써서 붙이는 게시물.

⑫ 소희와 리샤 사건으로 발칵 뒤집힌 학교에 찾아온 기자들이 아이들을 취재한 방법.

⑬ 리샤의 사건으로 성형수술에 대한 관심이 ○○ 꺾일 줄 알았는데 오히려 참여자가 더 늘어남. 어느 정도의 기운을 뜻하는 부사.

되새김 발문 : 내용을 되새겨 보아요

1. 등장인물과 그에 해당하는 설명을 연결해봅시다.

① 혜규 •   • ⓐ 리샤의 사촌 동생으로 아버지가 쁘띠뽀떼 원장. 안티플라스틱 운동을 추진함.

② 인주 •   • ⓑ 혜규의 절친으로 성형수술 하려는 혜규를 말림. 안티플라스틱 운동에도 동참함.

③ 호찬 •   • ⓒ 영화 〈뮬란〉의 주인공을 닮아 '강뮬란'이라는 별명을 가짐. 플라스틱 빔보 클럽의 개설자.

④ 리샤 •   • ⓓ 겉으로는 성형수술에 관심이 없다고 했지만 잘못된 방법으로 성형 수술비를 마련하려고 함.

⑤ 소희 •   • ⓔ 하이틴 배우 겸 패션모델. 자연 미인으로 알려졌지만 성형수술 중독으로 밝혀짐.

2. 학교에 등교한 리샤를 보려고 몰려온 남자애들 중 한 명과 부딪쳐 눈 주위를 다친 혜규에게 의사가 진단한 병명은 무엇이었나요? (17쪽)

3. 미술을 가르치는 노동우 선생님의 또 다른 직업은 일러스트레이터입니다. 선생님이 로댕의 〈생각하는 사람〉과 닮았다며 아이들이 지어준 별명은 무엇인가요? (35쪽)

4. 병결석 이후 학교에 갔던 혜규는 다시 조퇴하고 집에 돌아와서 인터넷 사이트에 접속했습니다. 성형수술에 대한 홍보가 주를 이루는 그 사이트의 이름은 무엇인가요? (42쪽)

5. 혜규는 성형수술 정보를 공유하기 위해 클럽을 만들었습니다. 성형수술에 관심 있는 아이들이 가입하며 공동구매처럼 회원끼리 싸게 성형수술을 받을 수도 있습니다. 이 클럽의 이름은 무엇인가요? (52쪽)

6. 선아의 말에 따르면 성형외과 코디네이터들은 그 병원에서 수술한 경우가 많아 모두 비슷하게 생겼다고 합니다. 이렇게 성형수술로 서로 비슷한 생김새를 갖게 되는 것을 ○○○ 쌍둥이라고 부르기도 합니다. ○○○에 들어갈 알맞은 말은 무엇인가요? (69쪽)

7. 리샤의 죽음 이후 성형수술의 부작용에 대한 고통과 불안에 시달렸다는 사실이 알려집니다. 리샤가 성형수술의 부작용을 알리려고 했던 두 가지 방법은 무엇이었나요? (149~150쪽)

8. 리샤는 이번 수술만 마치고 나면 청소년 성형수술 반대운동을 하겠다고 호찬과 약속했습니다. 이들이 하려는 성형수술 반대운동을 칭하는 말은 무엇인가요? (154쪽)

9. '청소년 성형수술 이대로 좋은가?'라는 제목의 생방송 긴급 좌담회에 출연한 김정미 박사는 미용 목적의 성형수술에 대해 반대하는 발언을 합니다. 특히 생명에 지장을 줄 수 있어 미용 목적으로 남용해서는 안 된다고 말한 성형수술은 어떤 것인가요? (157쪽)

10. 안티플라스틱 운동을 하려고 모인 아이들은 성형 반대에 대한 대자보를 교내에 붙이고 함께할 회원들을 모집합니다. '본판 유지를 맹세한 청소년들의 모임'을 줄여서 만든 모임의 이름은 무엇인가요? (203쪽)

정답

1. ①-ⓒ, ②-ⓑ, ③-ⓐ, ④-ⓔ, ⑤-ⓓ | 2. 안와골절 | 3. 노댕쌤 | 4. 뷰밥 | 5. 플라스틱 빔보 | 6. 의란성 | 7. 일기, 동영상 | 8. 안티플라스틱 | 9. 양악 수술 | 10. 본맹청청

해석적 발문 : 다양하게 생각해 보아요

1. 혜규는 평소에 뮬란이라고 불려도 자기 외모에 만족하며 성형에는 관심조차 없는 아이였습니다. 그러나 안와골절 후 부기가 가라앉고 본래의 모습으로 돌아왔는데도 자신의 얼굴이 이상하게 느껴집니다. 왜 혜규는 자기 외모에 대한 생각이 달라졌을까요? (33쪽)

2. 노댕쌤의 성형 전후 사진이 나돌면서 아이들은 충격에 빠졌습니다. 인주는 선생님의 얼굴이 가짜라는 것에 배신감을 느껴 해명을 요구합니다. 인주가 말하는 '가짜'의 의미는 무엇이라고 생각하나요? (98쪽)

3. 성형수술 때문에 리샤가 중태에 빠지고 소희가 죽자 학교에도 경찰이 찾아와 조사를 하고 아이들은 뒤숭숭합니다. 그 와중에도 플라스틱 빔보 멤버들은 성형수술을 포기하지 않겠다고 하고, 회원이 되겠다고 신청하는 학생들은 오히려 더 늘어납니다. 여러분은 왜 여전히 성형수술을 하고 싶어 하는 아이들이 생겨난다고 생각하나요? (145~146쪽)

4. 혜규는 좋아하던 노댕쌤의 성형 사실이 알려지자 실망스럽습니다. 그러면서도 성형수술을 하고 싶어 돈을 모으고 있는 자신의 모습이 이중인격자 같이 느껴집니다. 혜규는 왜 노댕쌤의 성형 사실에는 실망하면서도 정작 자신은 성형에 대한 미련을 버리지 못할까요? (126쪽)

5. 성형 브로커라는 소문에 휩싸인 노댕쌤은 불명예스럽게 학교를 떠납니다. 선생님은 호찬의 개인적 감정 때문에 벌어진 일이라는 것을 알게 되었지만 처벌을 바라지 않습니다. 선생님은 왜 호찬을 처벌하려고 하지 않았을까요? (192쪽)

선택적 발문 : 입장을 선택해 보아요

1. 성형수술을 결심한 혜규의 말을 들은 선아와 인주는 각각 다른 입장을 보입니다. 선아는 성형수술도 엄연한 의술이라고 하며 찬성하고, 인주는 부작용을 우려해 반대합니다. 여러분은 성형수술과 관련해 누구의 입장을 더 지지하나요? (55쪽)

☐ 선아   ☐ 인주

이유 ....

2. 리샤의 죽음으로 인해 청소년의 성형 문제가 사회적 이슈로 거론됩니다. 특별 방송이 편성되어 성형에 대한 정보와 조언을 들려주고 한 국회의원은 '리샤법(청소년 성형수술을 규제하는 법)'을 만들자고 합니다. 여러분은 리샤법을 제정하는 것에 대해 어떻게 생각하나요? (159쪽)

☐ 찬성한다   ☐ 반대한다

이유 ....

3. '플라스틱 빔보'와 '본맹청청' 아이들은 서로 미워하지 않고 각자 다른 길을 걷는 것을 인정해 주기로 했습니다. 본맹청청 캠프를 시작으로 플라스틱 빔보의 캠프도 이어집니다. 각 모임의 회원 수도 늘고 전문가와 연예인들의 후원도 이어집니다. 여러분이 둘 중 한 곳에 참여해야 한다면 어느 쪽 캠프에 참여할 것인가요? (225~226쪽)

☐ 플라스틱 빔보 클럽   ☐ 본맹청청 클럽

이유 ....

사색적 발문 : 생각을 넓혀 보아요

1. 리샤가 그린 그림에는 바닷가 고즈넉한 집 뜰에서 긴 머리 소녀가 흔들의자에 앉은 채 출렁거리는 바다를 바라보는 모습이 담겨 있었습니다. 리샤의 그림을 연상하면서 그림을 그린 리샤의 마음을 상상해 봅시다. (37쪽)

2. 리샤가 성형수술 도중 중태에 빠지자 기자들이 학교에 찾아와서 인터뷰를 요청합니다. 혜규는 인터뷰에서 자신의 생각을 그대로 말했지만 기사가 편집되어 곤란한 상황이 됩니다. 학교에 어떤 사건이나 사고가 발생하여 외부 기자들이 찾아왔을 때 어떻게 대처하는 것이 좋을까요? (118쪽, 210쪽)

3. 성형수술에 대한 두려움과 부작용에 대해 리샤가 남긴 일기를 본 혜규는 갈등에 빠집니다. 성형수술을 할지 말지 망설이는 혜규에게 해주고 싶은 말을 댓글로 달아 보세요. (150쪽)

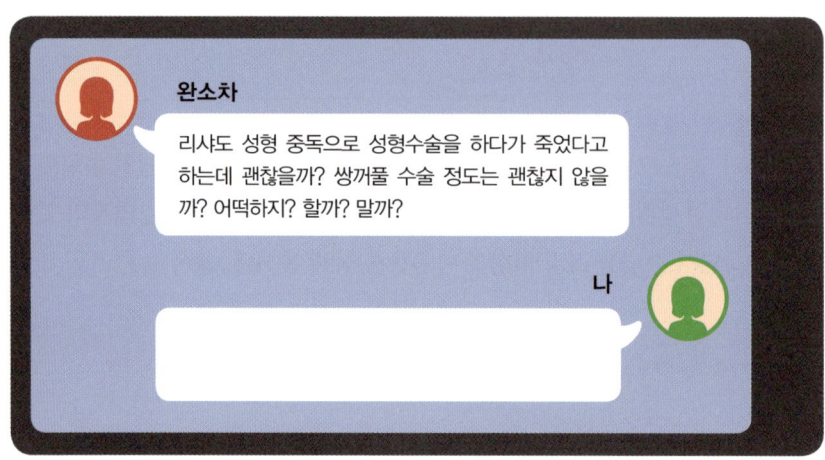

4. 혜규는 아나운서 시험에 합격한 언니를 위해 케이크를 만들어 축하해 주려고 합니다. 중학교 때 장래희망이 셰프였을 정도로 요리에 관심이 많은 혜규는 혼자서도 제법 요리를 잘합니다. 여러분이 잘하는 음식이 있다면 무엇이며 누구에게 만들어 주고 싶은가요? (213~217쪽)

내가 잘하는 음식 :

전해주고 싶은 사람 :

이유 :

북돋움 활동 1

안티운동 기획하기

청소년 성형 반대운동을 시작한 혜규, 인주, 호찬은 '본맹청청'이라는 이름으로 안티플라스틱 운동을 시작합니다. 여러분들도 반대운동을 하고 싶은 주제가 있다면 기획해 보세요.

안티운동 계획서	
주제	
대상	
활동 내용	
회원 규칙	

#16

척박한 땅을
자연으로 되돌리자!

#환경, #자연, #광산, #노동, #자본주의, #황폐, #숲, #성장,
#우정, #나무, #재생, #광부, #파업, #열정, #인공호

About the Book

달 표면에 나무 심기
엘리자베스 오 둘렘바 지음, 천미나 옮김, 책과콩나무, 2016

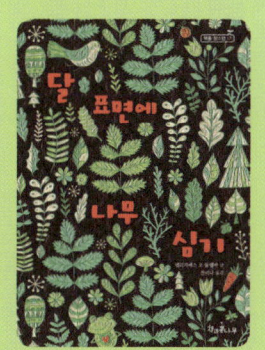

주인공 잭은 코퍼타운에 사는 것이 달나라에 사는 것이나 마찬가지라고 합니다. 집 사이사이마다 자랄 풍경을 한결 푸근하게 해주고, 집을 더 집처럼 보이게 해주는 파릇파릇한 것이라고는 눈을 씻고 봐도 보이지 않는다고요. 그런데 광산의 폐업이 계속되면서 조금씩 코퍼타운이 변하기 시작합니다. 경제적 어려움에 처하더라도 자연의 회복이 우선일까요? 잭의 입장이 되어서 함께 고민하다 보면 자연이 우리에게 주는 혜택과 자연을 보전하는 방법을 끊임없이 생각하게 됩니다.

'나무 심을 사람 구함'이라는 전단지를 들고 간 잭의 뒷이야기를 상상하면서 잭의 꿈을 함께 응원해 봅시다.

함께 보면 좋아요
『스캣』 칼 하이어센 지음, 김희진 옮김, 살림, 2010
『가이아 소녀들: 땅의 품으로』 리 웰스 지음, 이창희 옮김, 마루벌, 2010

낱말 퍼즐

정답

가로: 1.꽈잡자인 2.그배용 3.신잔경치원 4.정진풍 5.신용 6.시물도감 7.피아난수 8.신지엄마 9.운동회 10.등기 11.나무 12.사탕 13.해인배지 14.돌레배지 15.용공의 트기 발
세로: ① 파담 ② 인조 ③ 정동훈 ④ 장난 ⑤ 공간 ⑥ 물품 ⑦ 시내음 ⑧ 마리콜다 ⑨ 장자서 ⑩ 정진흡원 ⑪ 윤담 ⑫ 고래타등 ⑬ 개나리 발

【가로】

1. 광산 파업 시위를 할 때 파업을 유지하고 확대하려고 노동자들이 집단적 대열을 유지한 선. 영어로는 picket line.
2. 탄광이나 광산의 채광을 중지함. 잭이 사는 광산 마을도 이 일이 있은 후 자연이 서서히 살아나기 시작함.
3. 잭이 나무, 곤충과 새에 대한 책을 읽으면서 키워 나간 장래 희망 직업.
4. 어떤 일이 순조롭게 진행될 것 같은 징조를 비유적으로 이르는 말.
5. 잭이 받고 싶어 하는 ○○은 자전거. 감사나 정을 나타내는 뜻으로 주는 물건.
6. 포스트 선생님이 잭에게 주신 책. 많은 식물의 모양과 특징을 알 수 있도록 그림이나 사진을 모아 놓은 자료.
7. 잭이 인공호수에서 데려온 개구리에게 붙여준 이름.
8. 마을 사람들이 조금씩 돈을 모아 형편이 좋지 않은 레드포드 씨의 물건값을 대신 내줌. 한 숟가락씩 밥을 보태면 한 사람이 먹을 만한 양식이 된다는 뜻의 사자성어.
9. 잭의 생일 선물로 엄마가 사준 것.
10. 잭이 짝사랑하는 한나의 남자친구.
11. 할아버지가 잭에게 선물한 것. 잭이 관심을 가지고 있고 이것의 중요성을 누구보다 잘 알고 있음.
12. 광산에서 채취하는 광물. 식물이 땅속에 묻혀 열과 압력을 받아 분해되면서 생성된 가연성의 광물질.
13. 달 표면처럼 황폐한 잭의 마을이 서서히 초록의 기운이 느껴지는 것으로 마무리됨. 주인공이 행복하게 끝나는 결말.
14. 잭의 엄마가 파이에 넣어 만든 과일.
15. 아버지의 무사 귀가를 기원하면서 잭이 부적처럼 지니고 다니는 물건.

【세로】

① 잭의 친한 친구. 나쁜 공기 탓에 천식이 심해 흡입기를 늘 가지고 다님.
② 아빠가 광산회사에서 정리해고되어 마을을 떠나게 된 버스터가 마지막으로 가고 싶어 한 곳. 사람이 만든 호수.
③ 잭의 마을 사람들이 일하는 곳. 유용한 광물을 캐내는 곳.
④ 손실이나 손상, 파괴 이전의 상태로 고치는 것 또는 문제가 생기기 이전의 상태로 되돌리는 것을 이르는 사자성어.
⑤ 광산이나 건축 공사장에서 공사의 편의를 위하여 땅속에 뚫어 놓은 길.
⑥ 잭의 마을에 자연이 되살아나도록 작은 일부터 시작함. 진전이 없거나 막혀 있는 상태를 푸는 실마리나 계기를 비유적으로 '○○를 트다'라고 함.
⑦ 산림녹화를 위해 해마다 나무를 심도록 정한 날.
⑧ 한나의 남자친구가 마약의 일종인 이것을 재배하다가 경찰에 체포됨.
⑨ 체로키 인디언들이 강제로 쫓겨나면서 흘린 눈물이 작은 십자가 모양으로 얼어붙어 돌이 되었다는 유래가 있음.
⑩ 잭의 마을에 있는 광산에서 이 일로 광부들이 일자리를 잃음. 고용주가 경영상의 이유로 근로자를 해고한 경우.
⑪ 땅에 묻힌 석탄을 채굴하는 곳.
⑫ 침식된 도랑과 척박한 땅으로 이루어져 마치 달 표면처럼 보인다고 한, 잭이 살고 있는 마을.
⑬ 광산 공장이 가동을 멈추고 겨우내 홍수가 이어지자 진짜 호수로 변한 제2인공호에서 자라고 있었던 파충류의 알.

되새김 발문 : 내용을 되새겨 보아요

1. 잭이 태어난 도시는 풀 한 포기, 나무 한 그루 자라지 않는 척박한 마을입니다. 침식된 도랑이 사방으로 나 있기 때문에 마치 달 표면처럼 보이기도 하는 이곳은 어디인가요? (9쪽)

2. 광산회사 매점에 진열되어 있던 것으로 잭이 크리스마스 선물로 받고 싶어 하는 것은 무엇인가요? (10쪽)

3. 마을 사람들이 모두 광부인 마을에 사는 피란은 자기 아버지가 광부가 아닌 것이 부끄럽기도 합니다. 피란 아버지의 직업은 무엇인가요? (16쪽)

4. 잭이 행운의 부적으로 지니고 다니는 물건입니다. 아버지가 무사히 집으로 돌아오게 해달라고 아침마다 기도하면서 문지르는 것은 무엇인가요? (31쪽)

5. 아버지가 광산회사에서 정리해고되어 다른 곳으로 이사를 가게 된 버스터가 코퍼타운을 떠나기 전에 마지막으로 가고 싶어 한 곳은 어디인가요? (87쪽)

6. 광산회사에서 직원을 대량해고한 뒤 남은 노동자들은 과도한 업무에 시달립니다. 이에 지치고 분개한 직원들이 광산노동조합을 통해 결정한 사항은 무엇인가요? (106쪽)

7. 크리스마스에 엄마가 잭에게 준 선물을 보고 할아버지는 자신에게도 만들어 달라고 합니다. 할머니의 추억이 담긴 옷들을 잘게 잘라 그 조각을 이어 붙여 만든 이것은 무엇인가요? (128쪽)

8. 잭의 아버지는 잭이 자신의 뒤를 이어 광부가 되기를 바라지만 잭은 나무,

곤충과 새에 대한 책을 읽으면서 자신이 하고 싶은 일을 찾습니다. 잭이 원하는 직업은 무엇인가요? (138쪽)

9. 잭이 빌린 책을 돌려드리자 포스트 선생님은 다시 한 권을 잭에게 선물합니다. 잭에게 더 필요한 것이라며 선생님이 선물한 책은 무엇인가요? (186쪽)

10. 아래 지문은 피란이 잭에게 ○○○의 유래에 대해 설명하는 내용입니다. 사람들이 행운이라고 생각하는 ○○○에 들어갈 말은 무엇인가요? (213쪽)

> "이 땅에서 체로키 인디언들이 강제로 쫓겨났을 때, 그들의 눈물이 땅에 떨어져서 작은 십자가 모양으로 얼어붙었다는 이야기가 있어. 체로키 인디언들이 우리 야구장 자리에서 훈련했었다는 거 알아? 예전에 거기에서 화살촉도 주웠어. 그리고 요정의 십자가에 대한 이야기가 하나 더 있어. 예수님이 못 박혔을 때 이곳 애팔래치아산맥에 살던 요정들이 그걸 알고 울었대. 요정들의 눈물이 십자가 모양으로 땅에 떨어진 거야. 사람들은 ○○○을 큰 행운이라고 생각해. 루스벨트 대통령도 주머니에 넣어가지고 다녔어."

11. 과거 '데블스 덴'이라고 불렸던 이곳은 몇 년 전에 도시에서 온 개발업자들이 펜션을 세우려고 했던 부지였습니다. 그러나 파산한 지금은 어떤 열매의 밭이 되었나요? (218쪽)

12. 파업 중에 일을 하겠다며 피켓 라인을 넘어가는 사람들을 보고 광부들은 무엇이라고 불렀나요? (250쪽)

정답

1. 코퍼타운 | 2. 자전거 | 3. 우체부 | 4. 행운의 토끼 발 | 5. 인공호 | 6. 파업 | 7. 퀼트 | 8. 산림경비원 | 9. 식물도감 | 10. 십자석 | 11. 블랙베리 | 12. 딱지

해석적 발문 : 다양하게 생각해 보아요

1. 잭이 사는 코퍼타운은 풀 한 포기 자라지 않는 광산 마을입니다. 이 마을에서 태어나고 자란 아이들은 나무가 왜 필요한지 이해조차 못 합니다. 그런데도 포스트 선생님이 나무에 대해 가르치는 이유는 무엇일까요? (9쪽)

2. 코퍼타운에서 광부라는 직업은 선망의 대상입니다. 광산회사 내 매점에서 다양한 물건을 할인받을 수 있고, 월급도 많이 받을 수 있기 때문입니다. 그런데 왜 잭은 광부가 되고 싶지 않을까요? (49쪽)

3. 광산회사 간부인 러스트 가족은 코퍼타운의 사람들과 어울리기 위해 노력하지만 진심으로 코퍼타운의 일원이 되기는 쉽지 않습니다. 러스트 가족의 노력에도 코퍼타운의 일원이 되지 못한 이유는 무엇이라고 생각하나요? (54쪽)

4. 잭은 생일 선물로 자전거를 기대했지만 외할아버지가 준 것은 나무였습니다. 외할아버지가 나무를 선물한 이유는 무엇일까요? (168쪽)

5. 코퍼타운 사람들은 독립기념일을 축하하는 성대한 축제를 엽니다. 여기에서 일등상을 차지한 요리는 잭의 엄마가 만든 블랙베리 파이였습니다. 그 파이의 비밀 재료는 아무도 모릅니다. 여러분은 엄마의 비밀 재료가 무엇이라고 생각하나요? (238쪽)

6. 잭이 사는 코퍼타운은 동물과 식물들이 살지 못하는 황폐한 곳이었습니다. 그런데 잭은 작은 곤충들을 발견하자 상황이 변하고 있다고 생각합니다. 코퍼타운이 변하기 시작한 이유는 무엇일까요? (242~243쪽)

선택적 발문 : 입장을 선택해 보아요

1. 잭의 아버지와 외할아버지는 광산에 대한 생각이 다릅니다. 잭의 아버지는 광산에서 일하는 것을 좋아하며 많은 동료들이 광산에서 해고된 것을 안타깝게 생각합니다. 반면 외할아버지는 자연이 회복되기를 바라며 광산이 성행하는 것을 걱정합니다. 여러분은 누구의 입장을 지지하나요? (72~73쪽)

☐ 잭의 아버지 ☐ 잭의 외할아버지

이유 ....

2. 공장에서 대량해고가 있었던 다음 날 아버지가 광산회사의 간부라는 이유로 버스터는 소니를 때리려고 합니다. 그러나 잭은 소니의 잘못은 아니라며 버스터를 말립니다. 여러분은 소니에게 화를 내는 버스터의 행동에 대해 어떻게 생각하나요? (74~75쪽)

☐ 공감한다 ☐ 공감하지 않는다

이유 ....

3. 광산 파업으로 잭의 가정은 경제적 어려움을 겪습니다. 하지만 파업이 지속될수록 코퍼타운의 자연은 점점 회복되고 있습니다. 여러분은 어느 것이 우선되어야 한다고 생각하나요? (205~206쪽)

☐ 경제적 어려움을 해결해야 한다 ☐ 자연환경을 회복시켜야 한다

이유 ....

사색적 발문 : 생각을 넓혀 보아요

1. '포플러 트레일'이라는 길은 예전에 포플러 나무가 많이 있었다는 뜻입니다. 코퍼타운의 길 이름은 길을 낼 때 베어내거나 쫓아낸 것의 이름을 따서 짓는다고 합니다. 여러분이 살고 있는 마을 이름에는 어떤 뜻이 있나요? (85쪽)

2. 『달 표면에 나무 심기』에서는 나무의 소중함과 중요성에 대해 언급하고 있습니다. 여러분이 생각하는 나무의 가치에 대해 이야기해 봅시다. (134~135쪽)

> 나무는 _____이다.
>
> 왜냐하면

3. 생일 선물로 자전거를 받고 싶었던 잭은 외할아버지에게 나무를 선물 받습니다. 여러분도 잭처럼 평소 생일이나 기념일에 받고 싶은 것이 있다면 이야기 나눠봅시다. (168쪽)

> 받고 싶은 선물:
>
> 이유:

4. 피란은 잭에게 행운을 가져다준다는 십자석을 건넵니다. 여러분도 각자 소중하게 생각하고 있는 것이나 행운의 징표가 있다면 소개해 주세요. (213~214쪽)

북돋움 활동 1

코퍼타운 환경재생 프로젝트

광산회사가 문을 닫자 코퍼타운에는 변화가 생기기 시작했습니다. 환경 단체에서 코퍼타운 환경재생 프로젝트를 기획하고 함께 나무 심을 사람을 구하는 전단지도 배포했습니다. 여러분도 잭과 함께 코퍼타운 환경재생 프로젝트 기획서를 만들어 봅시다. (272쪽)

코퍼타운 환경재생 프로젝트	
프로젝트 제목	
대상	
주요 사업	
홍보할 내용	

Tip! 고전을 활용한 독서토론 수업은 어떻게 할까?
『징비록』을 읽고 독서토론 하기

고전으로 토론 수업을 진행하고 싶은데 어떻게 해야 할지 모르겠다며 가끔씩 비결을 물어보는 사람들이 있습니다. 대답은 늘 같습니다.
일단 고전을 함께 읽는 것으로 시작해 보세요!
학생들도 고전은 어려운 책이라고 생각하기 때문에 혼자 읽기보다는 함께 읽는 것에 더 만족합니다. 소리 내어 함께 읽으면 유대감이 강화되어 수업에 더 적극적으로 참여하게 되는 효과도 있습니다.
토론 수업을 하면서 늘 깨닫는 비밀 아닌 비밀을 밝히자면, 아이들은 어른들이 생각하는 것보다 훨씬 잘 해낸다는 것입니다. 그러므로 시작이 답입니다!

"징비록은 임진왜란의 CCTV다."
『징비록』이 어떤 책이냐는 질문에 3학년 학생이 답한 말입니다.
징비록은 서애 유성룡이 임진왜란을 돌아보고 반성하며 앞으로 일어날 전쟁을 대비하기 위해 쓴 책입니다. 그런 점에서 학생의 답은 참으로 훌륭한 해석이 아닐까 싶습니다.

아이들과 고전으로 토론하는 첫 시간에 항상 강조하는 세 가지가 있습니다.
첫째, 나도 이 책을 처음 읽는다. 고로 너희와 같다.
둘째, 이 토론은 정답이 없다. 고로 내 생각이 곧 답이다.
셋째, 다른 사람 의견을 비난하지 않는다. 그래야 내 의견도 존중받는다.

국보 제132호로 지정되어 있고 조선왕조실록의 기록보다 훨씬 더 자세하고 정확하다는 징비록을 읽는다는 것이 처음에는 망설여졌습니다. 그러나 함께

하는 토론의 힘을 믿고 책을 펼쳐 들었지요.

책을 읽는 내내 아이들은 무능한 선조와 전쟁 중에도 이득만 취하려는 이기적인 관리들 때문에 답답하고 화가 난다고 했습니다. 그래서 백성과 나라를 위태롭게 한 사람을 찾아서 심판해 보자는 의미로 '징비록 재판'을 진행해 보기로 했습니다. 책 속의 인물을 생생하게 살려내 보려고 한 것이지요.

토론을 독려하기 위해 만든 점수표와 열띤 재판 토론 과정을 소개합니다.

징비록 재판 점수표

항목	내용	점수
인물 선정	자신이 뽑은 인물이 선정되면	5점
재판 승리팀	배심원들이 판결에 따라	5점
배심원	재판을 지켜보며 학생들의 태도, 발표 내용을 성실히 평가한 상위 3명	각 3점
똘똘한 법조인	총점 상위 5명	-

'징비록 재판' 과정

① 임진왜란 알기(유튜브 강의) → ② 인물 선정 → ③ 팀 선정 및 자료조사 → ④ 재판 → ⑤ 재판 결과 및 소감 발표

① 임진왜란 알기

징비록 재판에 참여한 열여섯 명 중 임진왜란에 대해 배우지 않은 2학년 학생들을 위해 유튜브에서 강의를 보는 것으로 시작했습니다. 이 과정을 통해

16세기 조선의 사회 분위기와 임진왜란의 전개 과정을 이해할 수 있습니다. 드라마, 영화, 강의 등 임진왜란과 관련된 다양한 동영상 중에 구성원에 적합한 자료를 선택하면 토론 수업에 대한 몰입도가 높아집니다.

② 인물 선정

징비록 전체에서 '조선을 위태롭게 만든 사람'을 뽑고 그 인물을 선정한 이유를 써서 제출하게 합니다. 많은 인물이 거론되었는데 그중에서 공적과 과오가 함께 있고, 자료가 많이 남아있는 '유성룡, 원균, 선조, 김성일' 등 4인을 선정했습니다.

③ 팀 선정 및 자료조사

재판할 인물은 무작위로 배정한 후 재판을 위해 변호사 팀(두 명), 검사 팀(두 명)으로 나눕니다. 평소에 부정적인 태도를 보이는 학생은 의뢰인을 옹호해야 하는 변호사 팀으로, 평소에 긍정적인 태도를 보이는 학생은 피의자를 엄정하게 심문해야 하는 검사 팀으로 정했습니다. "저는 누구를 변호해줄 수 없어요. 전 비판이 체질에 맞아요.", "선조를 어떻게 변호해줘요?" 등 학생들의 불만이 있었지만 변호사와 검사로 나눈 취지를 설명하니 대체로 수긍했습니다.
자료 조사는 책과 인터넷 등을 활용하도록 하고 출처는 반드시 적게 합니다. 특히 인터넷으로 모든 자료를 찾지 않도록 강조했습니다.

④ 재판

재판의 시간 배정은 의견발표 3분, 반론 3분, 최종변론 2분으로 합니다. 변호사, 검사 팀을 제외한 학생들은 배심원이 되어 두 팀이 재판에 임하는 태도, 발표 내용을 '배심원 판결표'에 작성하여 평가하도록 했습니다. 배심원들의 평가에 따라 승리 팀을 정하고 변호사, 검사에 상관없이 진지하게 토론한 법조인을 뽑아 점수를 줍니다.

재판 과정 중 예상치 못한 돌발 상황도 있었습니다. 첫 번째 팀이 재판을 하던 중 변호사 측 학생이 울음을 터트린 것입니다. 어쩔 수 없이 중단된 재판은 뒤로 넘기고 다음 팀의 재판을 진행했습니다. 나중에 그 학생에게 운 이유를 물어보니 준비한 것에 비해 반론을 제대로 하지 못한 것이 속상해서 그랬다고 합니다. 프로그램에 참여하는 동안 아이들이 얼마나 열심히 준비하고 성실하게 참여하였는지 알 수 있었습니다.

배심원으로 참여했던 학생들이 평가한 재판 기록을 통해서도 열띤 재판 현장을 들여다볼 수 있습니다.

'배심원 판결표'의 내용

"이 토론의 취지는 그 인물에 대해 많이 알아가는 것인데 아무리 자료가 많아도 듣는 사람이 이해하지 못하면 소용이 없다고 생각해요. 이○민은 최종변론을 위해 자료조사를 풍부하게 했는지 내용도 좋았고, 천천히 또박또박 말해 주장하는 바도 이해가 잘됐어요." (3학년 양○준)

"박○정은 상대방의 주장에 반박을 잘하면서도 상대방이 논리적으로 주장할 때는 동의해주는 모습이 상대팀을 존중하는 것 같아서 좋았어요." (3학년 심○현)

"최○나는 상대팀이 말하는 중간에도 질문을 하고, 상대편의 주장을 제대로 듣지도 않고 다시 물어봤어요. 게다가 어려운 말만 써서 무슨 소린지 알 수가 없고 감정 조절을 못하는 것 같았어요." (2학년 기○진)

"두 팀 모두 진짜 법정을 보듯이 적절하게 설명했고, 근거자료를 충분히 제시했어요. 특히 김○진 팀은 예상치 못한 배심원의 날카로운 질문에도 당황하지 않고 참고문헌까지 제시하면서 침착하게 이야기했어요." (3학년 정○)

⑤ 재판 결과 및 소감 발표

모든 점수를 종합해 상위 다섯 명을 '똑똑한 법조인'으로 뽑아 상품을 줍니다. 이후 배심원들의 평가를 정리해서 학생별로 나누어 주고 징비록 노트에 붙이도록 했습니다. 배심원들의 평가표를 정리하면서 수정을 할까 고민하다가 판결표를 읽고 난 후에는 학생들이 적어준 그대로 전달해 줘야겠다는 생각이 들었습니다. 자신을 객관적으로 볼 수 있는 좋은 기회가 될 것 같았기 때문입니다. '배심원 판결표'를 받고 자신이 어떤 평가를 받았는지 확인하는 학생들의 모습은 사뭇 진지했습니다. 학생들은 재판 후에 느낀 점을 다음과 같이 남겼습니다.

재판 후 학생 소감

"책을 찾고 인터넷도 뒤져보고 백과사전도 찾아보는 과정에서 배운 게 많아요. 아무래도 책이 가장 현명한 답인 것 같아요. 책을 여러 권 찾아보니 김성일을 다양한 관점에서 해석하고 있어서 괜찮은 사람 같기도 하고 전쟁을 방조한 사람 같기도 해 막막했어요.
그리고 발표하고 자료를 준비하는 과정에서 좀 이기적이었던 것 같아요. 변호사 팀을 하면서 역사 속의 인물만 옹호해 주고 가까이 있는 팀원을 생각해 주지 못해서 많이 미안했어요." (2학년 김○진)

"『박시백의 조선왕조실록』(휴머니스트, 2015)을 보다가 징비록에 있는 유성룡과 김성일의 대화 내용이 지어낸 거라는 의견도 있다는 것을 알게 되었어요. 그래서 공책에 적어 두었는데 반론 때 생각이 안 나서 말하지 못해 너무너무 아쉬워요. 아이들이 자료 준비를 철저히 한 게 인상적이었어요. 준비한 것의 절반도 못 한다는 선생님의 말씀을 잘 생각해서 징비록 재판 시즌2에서는 자료 준비도 철저히 하고 상대편의 말을 더 열심히 들어야겠어요. 같은 학년끼리 하면 편할 것 같아요." (3학년 이○민)

재판 후 아이들의 소감을 보면 토론을 통해 자란 아이들의 마음을 알 수 있습니다. 책 속의 인물을 통해 나를 돌아보기도 하고 더불어 올바른 역사관을 정립하는 계기도 되리라 생각합니다. 어렵게만 느껴졌던 징비록이 아이들에게 친근한 책이 되었으면 좋겠습니다.

다른 책도 그렇지만 고전을 읽고 토론했을 때 느끼는 성취감은 더욱 큽니다. 다양한 시대와 사회 배경에 대한 지식을 넓힐 수 있고요. 또한 소리 내어 읽는 동안 표현력과 발표력이 좋아지는 효과도 있습니다. 고전으로 독서토론을 경험했다면 앞으로 이어질 독서토론에 날개를 단 것이나 마찬가지입니다.

미국 대통령 케네디의 아버지는 자식을 모두 앉혀 놓고 셰익스피어 작품을 돌아가면서 읽혔다고 합니다. 로버트 케네디가의 사람들이 하나같이 명연설가, 명문장가인 것은 그 덕분이 아닐까 싶습니다. 고전을 함께 읽고 토론한 우리 아이들에게서 미래의 명문가 탄생을 기대해 봅니다.

나의 꿈을 열어주는 인문학 고전 읽기(1기)

'징비록 재판' 중인 친구들

그날 읽은 부분에 대한 나의 생각과 친구들의 생각을 적은 '징비록 노트'

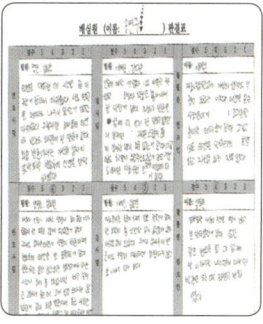

배심원 판결표

6장
진실을 마주할 용기가 필요해

#17

동물 실험과 생명 윤리에 대해 고민하라!

#동물실험, #생명윤리, #딜레마, #연구, #관심, #유전병, #채식주의, #갈등, #대립, #확률, #비밀, #고통, #희망, #결정, #사회운동

About the Book

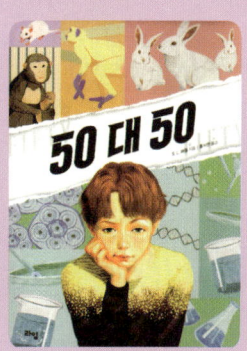

50 대 50
S. L. 파월 지음, 홍지연 옮김, 라임, 2015

열다섯 살 소년 길의 외할머니는 불치병을 앓고 있고 엄마 또한 같은 병에 걸릴 수도 있다고 합니다. 그래서 아빠는 동물 실험을 통해 엄마의 치료 약을 개발하려고 연구하고 있습니다. 그 사실을 몰랐던 길은 아빠의 동물 실험에 반대하고 아빠의 연구소에 있는 동물들을 꺼내려다가 결국 엄마의 병과 자신의 출생 비밀까지 알게 됩니다.

동물 실험은 질병 치료 연구를 위해 계속되어야 할까요? 생명 존중을 위해 중단되어야 할까요? 50 대 50이 던지는 물음을 생각해 보세요.

함께 보면 좋아요
『10대와 통하는 동물 권리 이야기』 이유미 지음, 최소영 그림, 철수와영희, 2017
『하프 브라더』 케네스 오펠 지음, 공보경 옮김, 문학수첩, 2015
『니임의 비밀』 로버트 오브라이언 지음, 최지현 옮김, 보물창고, 2006

낱말 퍼즐

1 ①		②					2 ③				④
					⑤						
					3					4	
	5		⑥					⑦			
						⑧				⑨	
				6 ⑩							
7			⑪		⑫			8			
							⑬				
			9						10	⑭	
					11	⑮		⑯			
	12										

정 답

가로 | 1.시험관 아기 2.환경운동가 3.학대 4.찬성 5.채식주의자 6.스케이트장 7.길버트 화이트 8.개구리 알 9.경찰 10.유전병 11.동물 실험 12.핵무기

세로 | ①시그마 ②관심 ③환심 ④가능성 ⑤과학자 ⑥주드 ⑦운동장 ⑧루이스 ⑨생명윤리 ⑩스파이 ⑪화재경보기 ⑫트집 ⑬연구실 ⑭전단지 ⑮물병 ⑯험담

【가로】

1. 길의 출생에 얽힌 비밀. 시험관에서 인공수정 후 다시 모체의 자궁 속에서 안전하게 발육시킨 아이.

2. 공원의 나무 위에서 시위하던 주드는 ○○○○○. 생태계의 보전에 대한 사회적 활동을 하는 사람.

3. 주드는 동물 실험이 이것에 해당한다고 주장함. 사람이나 동물을 정신적, 육체적으로 괴롭히고 가혹하게 대함.

4. 길은 주드가 하는 일이 옳다고 생각되어 ○○함. 어떤 제안이나 주장이 옳다고 판단하여 뜻을 같이 함.

5. 길은 주드를 만난 후 육식을 하지 않기로 결심함. 채식을 추구하는 사람.

6. 길이 매주 토요일마다 친한 친구와 함께 취미활동을 하러 가는 곳.

7. 길의 이름을 딴 식물학자. 『셀본의 박물학과 고대 유물들』을 쓴 사람.

8. 아빠 사무실에 걸려 있는 배아의 사진이 마치 ○○○○과 닮았음.

9. 길이 공원에서 시위하던 주드를 돕다가 ○○에게 체포되어 집에 오게 됨. 국민의 생명과 재산을 보호하며 사회 질서를 유지하는 일을 하는 조직.

10. 외할머니가 걸린 병이 엄마와 길에게도 전해졌을지 불안해함. 이상 유전자형에 의한 질환.

11. 교육이나 과학적 연구를 목적으로 동물을 상대로 실험하는 것. 전 세계적으로 매년 약 5억 마리의 척추동물들이 여기에 사용되고 있다고 함.

12. 길의 엄마와 아빠가 처음 만난 곳은 ○○○ 폐기 시위 현장. 핵분열 또는 핵융합 반응에 의해 생기는 에너지를 이용한 무기.

【세로】

① 아빠 연구소의 비밀번호. 그리스 문자의 열여덟째 자모. Σ.

② 주드를 만난 길은 그가 하는 일에 ○○을 갖고 동참함. 어떤 것에 마음이 끌려 신경을 쓰거나 주의를 기울임.

③ 주드는 자신이 맞서고 있는 박사의 아들인 길의 ○○을 삼. 기쁘거나 흐뭇하게 여기는 마음.

④ 외할머니로부터 물려받은 병에 엄마가 걸렸을 확률과 비슷한 말. 어떤 일이 이루어질 수 있는 정도.

⑤ 길의 아빠인 마크 박사의 직업. 이론적·물리적 실험으로 과학을 탐구하는 사람.

⑥ 길이 사회 운동, 환경 문제, 동물 실험에 관심을 갖도록 영향을 미친 등장인물.

⑦ 길이 주드에서 받은 동물 실험에 대한 안내문을 친구들에게 나누어준 장소.

⑧ 토요일마다 같이 취미 활동 하러 다니는 길의 가장 친한 친구.

⑨ 유전자의 등장과 발달에 따른 생명과 과학에 관한 윤리.

⑩ 길이 아빠의 연구소를 방문할 기회를 얻자 주드는 길이 ○○○가 되어 정보를 훔쳐 오길 바람.

⑪ 주드가 아빠 연구실에서 엄마의 실험쥐를 훔치려 하자 길은 ○○○○○를 깨뜨려 저지함.

⑫ 길은 아빠에 대해 ○○ 잡는 일이 빈번함. 공연히 남의 조그만 흠집을 들추어 불평함.

⑬ 전문적으로 연구를 하기 위한 방.

⑭ 주드가 길에게 건네준 동물 실험에 대한 내용이 적힌 종이.

⑮ 공원의 나무 위에서 시위하던 주드에게 길이 전달해 주려고 했던 물건.

⑯ 남의 잘못이나 흠을 찾아내어 말함.

되새김 발문 : 내용을 되새겨 보아요

1. 공원에서 나무를 지키기 위해 시위하던 사람을 만난 길은 동물 실험에 대해 알게 되고, 그에게 물병을 전해주려다가 경찰에게 붙잡힙니다. 길에게 물을 사서 가져다 달라고 부탁한 사람은 누구였나요? (37쪽)

2. 길이 고기를 먹지 않기로 한 이유는 동물 실험을 하는 아빠에 대한 반감 때문이었지만, 나중에는 주드에 대한 미안함 때문이었습니다. 길처럼 고기를 먹지 않는 사람을 무엇이라고 부르나요? (78쪽, 284쪽)

3. 아빠의 연구소를 함께 방문하던 길은 과격한 시위 현장을 목격합니다. 아빠는 길이 시위에 관여하지 않기를 바라지만 길은 아빠에게 관찰만으로 시위를 판단하지 말라고 합니다. 그러자 아빠는 자신도 시위한 경험이 있으며 시위 현장에서 엄마를 처음 만났다고 합니다. 두 분이 처음 만난 곳은 무엇에 관한 시위 현장이었나요? (91쪽)

4. 길은 아빠의 서재 책상 서랍에서 봤던 사진이 아빠의 사무실에도 걸려 있는 것을 보았습니다. 아빠의 연구와 관련 있는 이 사진은 무엇과 비슷하게 닮았다고 했나요? (96쪽, 221쪽)

5. 길이 아빠의 연구소에 가게 되었다고 알리자 주드는 길에게 임무를 맡깁니다. 아무나 출입할 수 없는 연구소에 가게 된 길에게 주드는 어떤 역할을 제안했나요? (145쪽)

6. 주드는 연구소에 가게 된 길의 몸에 단추 모양의 이것을 붙여 주었습니다. 길의 임무를 수행하는 데 필요한 이것은 무엇인가요? (152쪽)

7. 길이 연구소로 들어가 처음으로 방문한 곳은 인공적으로 동물을 만드는 곳입니다. 연구에 필요한 특별한 형질로 만든다고 한 실험용 동물은 무엇인가요? (166쪽)

8. 아빠의 눈을 속여 가며 길이 첫 번째 미션을 어렵게 완수하자마자 다음 미션이 주어집니다. 두 번째 미션으로 주드가 길에게 가져오라고 한 아빠의 물건은 무엇인가요? (192쪽)

9. 주드에게 넘겨준 아빠의 열쇠 꾸러미 상자에는 아빠 연구소의 비밀번호로 사용하는 수학 기호가 쓰여 있습니다. 그리스 문자의 열여덟 번째 글자이기도 한 이 기호는 무엇인가요? (206쪽)

10. 루이스가 다녀간 이후 길이 아빠에게 했던 거짓말이 들통나서 언쟁이 심해지자 아빠는 숨기고 있던 출생의 비밀을 들려줍니다. 부모님이 길에게 숨겨 왔던 출생의 비밀은 무엇인가요? (219쪽)

11. 연구소에 침입한 주드는 길의 부탁을 무시하고 엄마의 병을 연구하는 실험쥐마저 가져가려고 합니다. 주드를 막으려고 길이 부숴버린 것은 무엇인가요? (248쪽)

12. 길의 외할머니는 불치병을 앓고 있고 엄마도 같은 병에 걸릴 수 있다고 합니다. 아빠는 엄마가 병에 걸릴 확률이 얼마라고 했나요? (270쪽)

정답

1. 주드 | 2. 채식주의자 | 3. 핵무기 폐기 | 4. 개구리 알 | 5. 스파이(간첩) | 6. 카메라 | 7. 쥐
8. 열쇠 | 9. 시그마(Σ) | 10. 생물학적 아이(시험관 아기) | 11. 화재경보기 | 12. 50 대 50

해석적 발문 : 다양하게 생각해 보아요

1. 길은 아빠와 함께 간 시내 마트에서 사슴고기와 떼까마귀 고기를 보았습니다. 아빠는 이 고기들이 닭고기와 별다를 것이 없다고 말하지만 길은 어쩐지 먹을 수 없을 것 같았습니다. 여러분은 길이 먹을 수 있는 고기와 그렇지 않은 고기를 나눈 기준이 무엇이라고 생각하나요? (66쪽)

2. 동물 실험에 관한 논쟁에서 주드가 아빠를 화나게 하는 모습을 본 길은 통쾌함을 느낍니다. 그래서 주드와 함께 동물 실험 반대운동을 하며 아빠를 끊임없이 자극합니다. 길이 아빠에게 그렇게 행동한 이유는 무엇일까요? (78쪽)

3. 아빠는 핵무기 폐기를 반대하는 시위를 하다가 자신이 경찰에 잡혔던 것과 길이 공원에서 잡힌 것은 다른 문제라고 합니다. 지금은 왜 시위를 하지 않는지 길이 따져 묻자 상황이 바뀌었기 때문이라고 말합니다. 여러분은 상황이 바뀌었다는 아빠의 말이 어떤 의미라고 생각하나요? (92쪽)

> "아빠도 체포된 적이 있으시면서, 저번에 제가 경찰차를 타고 집에 왔을 때 왜 그렇게까지 몰아세우셨어요?"
> "그건 완전히 다른 이야기지. 나는 신념 때문에 체포되었던 거니까. 우리는 인류의 공존에 반하는 범죄를 막기 위해 시위를 했던 거야. 그런데 넌 공원에 쓰레기를 함부로 버려서 경찰에게 잡힌 거잖니?"
> 아빠가 따지듯이 말하자, 길도 흥분해서 소리쳤다.
> "그러면 어째서 지금은 예전처럼 시위를 하지 않으시는 거죠? 신념이라면서요?"
> "그때와는 상황이 바뀌었으니까. 그리고 어렸을 때 생각했던 것처럼 세상일이 간단하지만은 않다는 걸 알았으니까. 너도 언젠가는 알게 될 거야."

4. 시내에서 아빠와 주드의 언쟁이 있은 후에 길은 주드의 집을 방문했습니다. 주드의 방에 들어간 길은 이상하게 아빠의 서재와 비슷한 느낌을 받습니다. 길에게 주드의 방과 아빠의 서재가 겹쳐 보인 이유는 무엇이라고 생각하나요? (113쪽)

5. 길은 아빠로부터 자신의 출생 비밀을 듣게 되었습니다. 외할머니의 병이 유전될 가능성을 없애기 위해 착상 전 유전 진단 후 시험관 시술을 통해 태어났다고 합니다. 자신의 출생 과정을 알게 된 길의 마음은 어땠을까요? (220~222쪽)

> "네 경우는 그것과는 좀 달라. 우리는 널 아주 신경 써서 만들었어. 네가 세포 여덟 개로만 이루어져 있을 때 아주 정밀하게 검사를 했단다. 착상 전 유전 진단이라는 건데, 세포 하나를 떼어 유전자를 분석한 뒤 네가 이상이 없다는 것을 확인하는 과정이란다."

6. 엄마가 할머니의 유전병에 걸릴 확률은 50 대 50이라고 합니다. 여러분은 그 외에도 이 책에서 알 수 있는 '50 대 50'의 상황은 어떤 것들이 있을까요? (270쪽)

선택적 발문 : 입장을 선택해 보아요

1. 환경운동가인 주드는 과학의 발전이 우리의 생활을 편리하게 하기보다는 재앙을 가져다줄 거라고 말합니다. 여러분은 주드의 주장에 대해 어떻게 생각하나요? (36쪽)

☐ 공감한다   ☐ 공감하지 않는다

이유 ....

2. 길이 건네주는 접시를 받지 못하고 깨뜨린 엄마는 비명을 지르며 울음을 터뜨렸습니다. 무슨 일인가 잘못되었다는 느낌이 들어 사실대로 말해달라는 길에게 아빠는 아무 일도 아니라고만 합니다. 여러분은 가정에 큰일이 있을 때 사실대로 말해주는 것과 어른들끼리 해결하는 것 중 어느 것이 더 좋다고 생각하나요? (84~85쪽)

☐ 사실대로 말해 주는 게 좋다   ☐ 어른들끼리 해결하는 게 좋다

이유 ....

3. 길은 연구소에서 실험용으로 쓰이는 여러 동물을 보았습니다. 주드에게서 잔혹한 동물 실험에 대해 들은 길은 혼란스럽습니다. 질병 치료 연구를 위해 동물 실험을 계속해야 한다는 아빠의 입장과 동물의 생명을 보호하기 위해 동물 실험을 중단해야 한다는 주드의 입장 중 여러분은 어느 쪽에 더 공감하나요?

"난 잘 모르겠어. 아니, 내 말은, 정말로 중요한 걸 발견하기 위한 실험일 수도 있다는 뜻이야. 에이즈나 암 같은 위험한 병의 치료 약을 개발하기 위해서라면 불가피할 수도 있잖아. 수백만 명의 목숨을 구하기 위해서라면? 찬성과 반대가 50 대 50인 문제 같아. 참 복잡하다, 그치?" (128~129쪽)

"그러니까 누군가 일부러 이 쥐들이 암에 걸리도록 만든 거예요?"
길이 누드 쥐를 바라보며 물었다. 쥐들이 몸을 바르르 떨고 있었다. 그래서 무척 애처로워 보였다.
"불공평해요."
"그래. 하지만 이런 동물로 연구를 하지 않으면 사람의 림프종 치료 방법은 찾을 수가 없단다." (178쪽)

"미안해. 널 나무랄 생각은 아니었어. 하지만 나는 내가 병에 걸려 죽어 간다 해도 동물의 목숨으로 생명을 연장하지는 않을 거야. 다른 생명을 희생하면서까지 살고 싶지는 않으니까. 우린 그 동물들을 탈출시켜야 해." (197쪽)

"그 어떤 생명도 다른 생명을 구하기 위해서 고통받거나 죽어서는 안 돼. 그게 너희 엄마라 할지라도 말이야. (중략)" (247쪽)

☐ 아빠 ☐ 주드

이유 ....

4. 연구소 습격사건 이후 엄마는 유전병 검사를 하기로 결심합니다. 병에 걸릴 확률은 50 대 50이지만 가족이 마음을 모아 헤쳐 나갈 수 있을 거라는 희망으로 용기를 냈습니다. 여러분은 엄마의 결정을 어떻게 생각하나요? (273~274쪽)

☐ 병에 걸릴지 미리 아는 게 낫다 ☐ 병에 걸릴지 모르는 게 더 낫다

이유 ....

사색적 발문 : 생각을 넓혀 보아요

1. 허락을 받지 않고 시내에 갔다가 경찰에 잡혀 돌아온 후 아빠는 길에게 벌칙 목록을 내놓았습니다. 길은 목록을 훑어보면서 아빠가 벌이란 벌은 모조리 늘어놓았다는 것을 알아챘습니다. 여러분이 길의 입장이라면 어느 벌칙이 가장 힘들 것 같나요? (49쪽~50쪽)

- 방과 후나 주말에 집으로 친구를 데려오지 말 것
- 친구네 집에 놀러 가지 말 것
- 토요일 아침에 스케이트 타러 가지 말 것
- 혼자서 등하교하지 말 것
- 컴퓨터, MP3 플레이어, 게임기 사용하지 말 것
- 군것질하지 말 것
- 엄마나 아빠 없이 외출하지 말 것
- 텔레비전과 DVD 시청하지 말 것
- 이번 주일간 용돈 사용하지 말 것

가장 힘든 벌칙 :

이유 :

2. 주드는 길의 이름이 혁명을 노래하는 가수 '길 스콧 헤론'에서 따왔느냐고 물었습니다. 그런데 길의 이름은 아빠가 가장 존경하는 '길버트 화이트'라는 생물학자의 이름을 따라 지었다고 합니다. 여러분이 유명인에게서 이름을 빌려 짓는다면 누구의 이름이 좋은가요? (137쪽)

이름을 빌려 짓고 싶은 유명인 :

이유 :

3. 아빠의 연구소를 다녀온 이후 길은 주드 형과 아빠의 입장에서 생각하며 많은 갈등을 겪습니다. 질병 치료를 위해서라면 아빠 말이 맞는 것 같고, 동물 보호 이야기를 들으면 주드 형의 말이 맞는 것 같습니다. 여러분도 길처럼 어느 쪽을 결정할지 혼란스러운 딜레마에 빠져본 경험이 있다면 이야기해 보세요. (199~200쪽)

내가 경험한 딜레마 :

4. 길을 이용하여 연구소에 몰래 들어간 주드는 실험용 동물들을 빼내 갔습니다. 주드가 데려간 동물들은 그 후에 어떻게 되었을까요? (283~284쪽)

연구소에서 나온 동물들은

#18
기억을 조종하는 세상을 대비하라!

#미래사회, #SF, #기억, #진실, #메멘토, #친구, #조작, #통제, #언론, #광고, #기억상실클리닉, #양면성, #권력, #선택, #용기

About the Book

메멘토 노라
앤지 스미버트 지음, 강효원 옮김, 한겨레틴틴, 2011

알약 하나로 잊고 싶은 기억을 지울 수 있다면 여러분은 주저 없이 약을 먹을 건가요? 엄마와 함께 TFC(기억 상실 클리닉)에 간 노라는 약을 먹지 않는 쪽을 선택했습니다. 지워버리고 싶은 기억 중에는 꼭 기억해야 하는 진실이 숨어있기도 합니다.

노라와 친구들이 지켜내려고 했던 기억은 다시 엄마로부터 시작될 수 있을까요? 0으로 바뀐 엄마의 TFC 포인트를 보면서 진실은 숨겨지지 않는 것이라고 희망을 갖게 됩니다.

앞으로 펼쳐질 미래의 모습을 상상하면서, 노라와 함께 기억 속의 진실을 찾아보세요.

함께 보면 좋아요
『달 위를 걷는 느낌』 김윤영 지음, 창비, 2014
『기억 전달자』 로이스 로리 지음, 장은수 옮김, 비룡소, 2007
영화 〈인 타임〉 앤드류 니콜 감독, 20세기폭스, 2011

낱말 퍼즐

[낱말 퍼즐 격자 - 가로 문제 1~13, 세로 문제 ①~⑭]

정답

가로 | 1.⑦의상장풀되기 2.바닷가 3.상운동 4.사중 5.헤어스타일 6.코끼리 7.단추 8.장점 9.수고
10.진실 11.벼룩시장 12.도시락 13.잔소리

세로 | ①⑦의상장풀되기 ②외모(장신) ③상담하기 ④기린 ⑤웨개피니 ⑥타격 ⑦⑧베 ⑨철
장상 ⑩친구 ⑪듣해고 ⑫확사기 ⑬장점 ⑭배드민턴

【가로】

1. 엄마는 TFC를 다녀오면 기분이 좋아지고 돈 쓰는 데도 너그러워짐. 여기서 주는 알약을 먹으면 잊고 싶은 기억을 지울 수 있음.

2. 두 번째 〈메멘토〉의 그림에 글을 써 넣은 다음 날, 노라가 아무것도 몰랐던 예전으로 돌아가고 싶은 마음에 엄마에게 여행 가자고 제안한 곳.

3. 노라는 마지막 〈메멘토〉를 성공적으로 나눠준 뒤 이곳 기자들과 인터뷰를 함. 일정한 시설을 갖추고 라디오나 텔레비전을 통해 여러 방송을 내보내는 기관.

4. 기억상실후원회의 회원들은 가까운 누군가가 이러한 상태에 놓여 모이게 됨. 누군가 종적을 감추어 간 곳이나 생사를 알 수 없게 된 상태.

5. 머릿속에 벌새가 살고 있다고 할 만큼 끊임없이 생각하고 무언가를 만들어내는 일을 하는 윈터가 내면의 반항심을 외적으로 표현하는 유일한 방법.

6. 엄마와 싸우고 나면 아빠가 이것에 자신만의 비밀 시럽을 넣어 노라에게 주었음. 이것을 마신 노라는 부모님이 싸웠다는 사실조차 모르게 됨.

7. 노라와 미카가 겪은 일을 기억하기 위해 만든 〈메멘토〉의 형식. 미카가 그림을 그리고 노라가 글을 쓴 형식으로 줄거리를 가진 여러 컷의 그림.

8. 영화, 연극, 문학 등에서 펼쳐지는 광경.

9. 손실되기 이전 상태로 회복시키는 것.

10. 기억을 지우려는 사람들은 ○○이 드러나길 두려워하기 때문. 거짓의 반대말.

11. 노라 엄마가 결혼 전에 가졌던 직업.

12. 미카가 노라에게 사람들의 눈을 피해 만나자고 한 학교 시설의 한 곳.

13. 어떤 일을 할 때 타인에게 당연히 요구할 수 있는 힘이나 자격.

【세로】

① 〈메멘토〉 사건이 커지자 벨 경관이 미카와 노라를 데려간 모임의 이름.

② 문제를 해결하거나 궁금증을 풀기 위해 서로 의논하는 것.

③ 노라와 미카가 갖춘 자질. 무리를 다스리거나 이끌어가는 지도자의 능력.

④ 노라가 〈메멘토〉를 넣어 다닌 것. 물건을 넣어 들거나 메고 다닐 수 있게 만든 것.

⑤ 노라에게 남자친구가 생겼다는 사실을 알게 되어 부모님이 싸운 다음 날 노라가 엄마 손목에서 본 것.

⑥ 기억을 지우는 알약을 만드는 집단은 사회를 좌지우지할 수 있는 권력을 갖고 있음. 이처럼 어떤 집단을 주도할 수 있는 권력이나 지위를 말하는 단어. 영어로 hegemony.

⑦ 어떤 일에서 크게 기를 꺾음. 또는 그로 인한 손해·손실을 말함.

⑧ 자신을 만나기 위해 집으로 찾아왔던 미카가 다음 날 사라지자 노라는 이 사람이 한 일이라고 생각함.

⑨ 노라, 미카, 윈터가 함께 만든 〈메멘토〉를 학생들에게 배부한 곳.

⑩ 노라, 미카, 윈터의 관계.

⑪ 미카가 사는 동네. 빵 굽는 냄새와 사람 사는 냄새가 나며 아담하고 작은 집들이 있는 곳. ○○○○ 빌리지.

⑫ 윈터가 〈메멘토〉의 완성을 도운 기발한 방법. 문서, 사진 등의 각종 자료를 그대로 출력할 수 있는 기계.

⑬ 근무 중 자신의 구역에서 폭발이 일어날 때마다 까만 밴을 보았다는 목격자들의 증언을 들음. 벨의 직업. 경찰관과 같은 말.

⑭ 미카가 살고 있는 곳은 도시의 주변에 위치함. 어떤 지역의 가장자리가 되는 곳.

되새김 발문 : 내용을 되새겨 보아요

1. 다음 등장인물들과 설명을 연결해 보세요.

① 노라 •   • ⓐ 머릿속에 벌새가 살고 있다고 할 만큼 끊임없이 생각하고 무언가 만들어내는 일을 잘함.

② 윈터 •   • ⓑ 엄마와 TFC에 갔다가 〈메멘토〉에 대해 관심 갖게 되어 〈메멘토〉를 만드는 일에 앞장섬.

③ 미카 •   • ⓒ 엄마를 잃고 기억상실후원회 일원이 되었지만 마지막에 이들을 배신함.

④ 커티스 •   • ⓓ 블랙도그 빌리지에 살며 〈메멘토〉에 대해 그림으로 메시지를 만드는 일을 추진함.

⑤ 벨 •   • ⓔ 거리에서 벌어지는 알 수 없는 폭발 사건을 조사하면서 기억상실후원회의 비밀 회원이 됨.

2. 엄마와 함께 백화점에 간 노라는 충격적인 사건을 목격하고 TFC에 가게 되었습니다. 폭발 사고 현장에서 노라가 본 것은 무엇인가요? (8~9쪽)

3. 다음에 공통적으로 들어갈 단어는 무엇인가요?

· 노라가 엄마와 함께 TFC로 가는 길에 본 새빨간 분무페인트로 낙서된 단어 (14쪽)
· TFC에서 진료를 기다리다가 보았던 남자아이의 깁스를 한 팔에 적힌 단어 (17쪽)

4. 다음의 장소는 어디인가요?

· 노라 엄마가 이곳을 다녀온 후 처음으로 TFC에 감. (91쪽)
· 두 번째 〈메멘토〉의 그림에 글을 써 넣은 다음 날, 노라가 아무것도 몰랐던 예전으로 돌아가고 싶은 마음에 엄마에게 함께 가자고 제안한 곳. (228쪽)

5. 학교 보안이 강화되자 미카가 〈메멘토〉를 학교에 가져가기 위해 사용한 방법으로 ○○ 안에 들어갈 말은 무엇인가요? (135쪽)

> 예술 책 세 권을 도서관에서 대출하여
> 가운데 ○○을 뚫어 속지를 잘라낸 후 메멘토를 책 속에 넣어서 온다.

6. 벨 경관이 비밀 모임의 일원이 된 이유는 그가 맡은 구역에서 폭발이 일어날 때마다 '이것'을 보았다는 목격자들의 증언을 듣고부터입니다. 목격자들이 공통적으로 보았다고 진술한 것은 무엇인가요? (159쪽)

7. 노라의 아빠는 〈메멘토〉를 배포한 범인을 찾는 과정에서 노라가 언급되지 않도록 하기 위해 이 일을 알고 있는 미카와 윈터를 감금했습니다. 노라가 그들을 구해내겠다고 하자 벨 경관은 노라가 범인으로 잡힐 때 그 현장에 있어야 한다고 했습니다. 이와 같이 범죄를 저지르고 있거나 직후에 잡히는 것을 일컫는 말은 무엇인가요? (240쪽)

8. 노라는 마지막 〈메멘토〉를 성공적으로 나눠준 후 방송국 기자들과 인터뷰를 했습니다. 그 후 체포되어 D등급을 받은 노라, 미카, 윈터는 어떤 상태가 되었나요? (253쪽)

9. TFC에서 나온 노라에게 엄마는 바닷가로 가서 얘기하자며 휴대전화를 흔들어 보입니다. 엄마의 휴대전화에 남겨진 TFC 포인트의 숫자는 무엇이었나요? (256쪽)

> **정답**
> 1. ①-ⓑ, ②-ⓐ, ③-ⓓ, ④-ⓒ, ⑤-ⓔ | 2. 시체 | 3. 메멘토 | 4. 바닷가 | 5. 구멍 | 6. 까만 밴
> 7. 현행범 | 8. 기억 상실 | 9. 0

해석적 발문 : 다양하게 생각해 보아요

1. 『메멘토 노라』에서는 다양한 형태의 광고가 생활 속에 자주 등장합니다. 여러분은 이러한 광고의 의도가 무엇이라고 생각하나요? (13쪽)

2. TFC를 방문한 엄마는 잊고 싶은 기억으로 아빠에 대한 이야기를 털어놓습니다. 엄마의 얘기를 들은 노라는 약을 먹지 않았습니다. 왜 노라는 약을 먹지 않았을까요? (22~23쪽)

3. 문신 가게 체인점을 운영하는 윈터의 할아버지는 자신의 몸에 의미 있는 것들을 새겼습니다. 할아버지가 문신을 새긴 것은 어떤 의미라고 생각하나요? (77~78쪽)

4. 기억상실후원회는 아이들에게 더 이상 〈메멘토〉를 만들지 말라고 이야기합니다. 그들에게 〈메멘토〉가 절실히 필요함에도 왜 그만두라고 했을까요? (157쪽)

5. 엄마와 싸우고 나면 아빠는 자신만의 비밀 시럽을 넣은 코코아를 가지고 노라에게 왔습니다. 그러나 노라에게 남자친구가 생겼다는 사실을 알게 되어 엄마와 아빠가 싸운 그날은 노라에게 오지 않았습니다. 여러분은 그 이유가 무엇이라고 생각하나요? (187쪽)

6. 엄마에게 기억 상실을 권하는 아빠와 기억이 지워지고 있는 것을 모르는 엄마를 보면서 노라는 심란합니다. 그러나 새로운 〈메멘토〉를 학교에 가져갈 결심을 한 노라는 예전과 다른 자신의 모습이 마음에 들었습니다. 왜 노라는 자신이 예전과 달라졌다고 생각했을까요? (229쪽)

선택적 발문 : 입장을 선택해 보아요

1. 노라의 엄마는 나쁜 기억을 지우기 위해 적어도 일주일에 한 번 TFC에 갑니다. TFC에서 주는 알약은 기억하고 싶지 않은 일을 말끔히 지워줍니다. 여러분에게 잊고 싶은 나쁜 기억이 있다면 어떤 선택을 할 건가요? (21~22쪽)

☐ 알약을 먹겠다   ☐ 알약을 먹지 않겠다

이유 ....

2. 노라네 집은 로스 팔라모스로 이사할 예정입니다. 로스 팔라모스는 안전하고 쾌적하지만 24시간 감시를 받아 사생활이 보장되지 않는 곳입니다. 반면 미카가 살고 있는 블랙도그 빌리지는 폐품과 고물이 가득 쌓여 있지만 빵 굽는 냄새와 사람 사는 냄새가 가득한 곳입니다. 여러분이라면 로스 팔라모스와 블랙도그 빌리지 중 어느 곳에서 살고 싶은가요? (88쪽)

☐ 로스 팔라모스   ☐ 블랙도그 빌리지

이유 ....

3. 노라가 〈메멘토〉를 배포하는 현행범으로 붙잡히기로 한 날, 아빠의 회사 직원들이 기억상실후원회를 급습합니다. 커티스 선생님이 기억상실후원회 간부들을 노라 아빠에게 넘기기로 했기 때문입니다. 여러분은 기억상실후원회를 배신한 커티스 선생님의 행동에 대해 어떻게 생각하나요? (244쪽)

☐ 공감한다   ☐ 공감하지 않는다

이유 ....

사색적 발문 : 생각을 넓혀 보아요

1. 노라의 아빠가 정보를 통제해 이익을 얻으려 하듯, 오늘날 우리 사회에도 보이지 않는 힘으로 사회를 통제하려는 움직임이 있습니다. 여러분은 그 힘이 무엇이라고 생각하나요? (170쪽)

> 예: 광고를 통해 소비를 통제한다.

2. 지우고 싶은 기억 중에는 지켜야 할 진실이 숨어 있을 수도 있습니다. 여러분이 꼭 기억해야 하는 것은 무엇인가요? 그리고 우리 사회에서 잊지 말아야 하는 기억에는 어떤 것이 있을까요?

나	사회

3. 노라는 마지막으로 〈메멘토〉를 배포한 뒤 체포되어 기억을 잃었지만 엄마는 기억을 지우지 않았습니다. '0'으로 바뀐 엄마의 TFC포인트가 의미하는 것을 생각해 보고 이들의 뒷이야기가 어떻게 펼쳐질지 상상해 봅시다. (256쪽)

4. 노라가 사는 곳에서는 알약을 먹으면 잊고 싶은 기억을 지울 수 있습니다. 요즘 우리 사회에서 이 알약의 역할을 하는 것은 무엇이라고 생각하나요?

북돋움 활동 1

내 생애 가장 행복한 기억: 캘리그라피로 표현하기

캘리그라피는 글씨나 글자를 아름답게 쓰는 기술을 말합니다. 『메멘토 노라』에서 미카, 노라, 윈터가 진실을 기억하려고 했던 것처럼 여러분이 기억하고 싶은 순간을 캘리그라피로 멋지게 표현해 보세요.

〈활동 예시〉 캘리그라피로 내 생에 가장 행복한 기억을 표현하기 : 여름부채 만들기

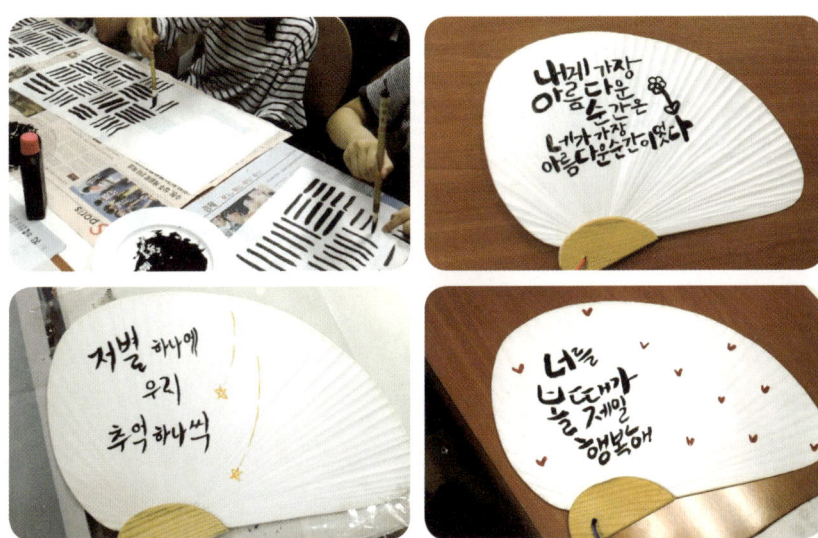

#19

마음속 갈등과 환경 속 오염을 해결하라!

#환경, #바이러스, #청정에너지, #미래, #대체에너지, #모험, #학교생활, #협동, #화해, #우정, #용서, #모범생, #왕따, #문제아, #가정폭력

About the Book

수상한 진흙
루이스 새커 지음, 김영선 옮김, 창비, 2015

타마야는 자신의 몸에 돋아난 발진을 대수롭지 않게 여기다가 채드의 실종 소식을 듣고 솜털진흙을 떠올리면서 뭔가 일이 생겼다는 것을 알아챕니다.

채드를 구하기 위한 타마야와 마셜의 모험으로 솜털진흙의 정체가 세상에 드러나고, 정부에서는 그에 따른 대책과 해결 방법을 강구합니다. 그러나 책장을 덮는 마지막 순간까지 돌연변이의 숫자는 계속 카운트되고 있어 끝까지 긴장을 놓을 수가 없습니다.

환경 오염과 대체에너지 개발을 소재로 추리적 요소를 더해 흥미롭게 전개되는 이 소설은 과학의 발전과 환경 오염이라는 주제로 토론하기에 좋겠습니다.

함께 보면 좋아요
『위험한 강물』 가일 T. 헤드릭 지음, 김경희 옮김, 푸른숲주니어, 2016
『갈매기에게 나는 법을 가르쳐준 고양이』 루이스 세풀베다 지음, 이억배 그림, 유왕무 옮김, 바다출판사, 2015

낱말 퍼즐

[Crossword puzzle grid with numbered cells]

가로 | 1.에어프라이 2.아스팔트 3.종이 4.가치 5.아이돌핀 6.탈린 7.수시자 8.우정 9.나무가지 10.개도 11.대체에너지 12.면장정당치

세로 | ①크림블라 ②이소이콤 ③글림밭세모 ④지점이 산화 ⑤동물의 산체 ⑥진를 ⑦움자가나무 ⑧능근기 ⑨피지

정답

【가로】

1. 숲에서 돌아온 다음 날, 타마야의 손에서 가루가 떨어지자 손을 보호하기 위해 바른 크림.

2. 『수상한 진흙』의 배경이 되는 지명. 이곳에서 환경 문제가 발생하자 여러 매체에서 '○○○○○ 참사'라는 말을 사용.

3. 글짓기 시간에 타마야가 작성한 글의 소재. 손에 상처가 생겨 완성하지 못했지만 마지막에 마무리 지은 글의 제목. ○○ 부는 법.

4. 산에 다녀온 아이들의 피부에 이상 징후가 발생하자 병원에 따로 떼어 놓음. 전염병 환자 등을 다른 사람과 접촉하지 못하도록 따로 옮겨서 떼어 놓은 상태.

5. 선레이 농장에서 개발한 청정에너지의 이름.

6. 타마야의 손에 나타난 증상. 염증이나 약물 등의 원인으로 피부에 붉게 돋아나는 작은 병변을 이르는 말.

7. 타마야의 피부병에 쓰일 치료제를 처음으로 발견한 사람의 직업.

8. 아이들이 차례대로 사라지고 타마야가 알 수 없는 피부병에 걸리자 교장선생님은 이러한 마음이 됨. 근심하거나 걱정함을 이르는 말. ○○를 표함.

9. 솜털진흙이 닿아 눈을 뜨지 못하는 아이를 인도해서 산을 내려올 때 타마야가 손 대신 잡도록 한 것.

10. 숲에서 수염이 긴 남자를 보았다고 과장해서 말해 이목을 끌고 싶어 함. 마셜과 생일이 같은 남자아이.

11. 석탄, 석유 등의 화석 연료를 대신할 에너지 자원을 이르는 말.

12. 상원 에너지환경위원회가 선택에서 결정했던 방법. 회의장에 모인 모든 사람의 의견이 완전히 일치하는 상태.

【세로】

① 타마야의 피부병을 치료할 약을 처음으로 개발한 사람.

② 숲에 있는 아이들을 구조하러 온 구조견이자 치료약 개발의 실험 대상이 되었던 개의 이름.

③ 솜털진흙에서 돌연변이를 일으킨 미생물을 프랑켄슈타인에 빗대어 부르는 명칭.

④ 값싸고 친환경적인 연료를 개발하기 위해 유전자 조작으로 미생물을 만드는 농장의 이름.

⑤ 『수상한 진흙』에서 둘 중 하나를 선택해야 할 때 둘 다 나쁜 경우를 빗대어 말한 법칙. 다른 대안 없이 주어진 것을 갖느냐 마느냐의 선택을 말함.

⑥ 환경에 문제가 생겼음을 알게 해준 것으로 솜털 같은 것이 섞여 있었던 물질. 수상한 ○○.

⑦ 치료약을 개발하던 박사가 솜털진흙의 부작용을 해결할 수 있는 효소를 발견한 동물.

⑧ 타마야, 마셜, 채드가 다니는 학교의 이름. ○○○○ 사립학교.

⑨ 타마야에게 새 교복 스웨터를 선물한 사람.

되새김 발문 : 내용을 되새겨 보아요

1. 다음 등장인물들과 설명을 연결해보세요.

① 마셜 •

② 채드 •

③ 타마야 •

④ 피치 •

⑤ 미스 마플 •

• ⓐ 숲에 있는 아이들을 구하러 온 구조견이자 치료 약 개발을 위한 실험 대상이 된 개의 이름.

• ⓑ 글쓰기를 좋아하여 작가가 되는 것이 꿈인 아이. 발진의 병명에 이 아이의 이름을 따서 붙임.

• ⓒ 동급생의 폭력을 피하기 위해 산길로 돌아갔다가 진흙 웅덩이를 발견함.

• ⓓ 청정에너지 바이올렌을 개발한 사람으로 타마야에게 병문안을 가서 스웨터를 선물함.

• ⓔ 학교 근처 숲에서 수염이 긴 남자와 늑대 같은 개를 보았다고 떠벌린 아이.

2. 펜실베니아 주 히스클리프에 있는 이 학교는 수 킬로미터나 펼쳐져 있는 숲과 바위산에 둘러싸여 있습니다. 채드, 마셜, 타마야가 다니고 있는 학교의 이름은 무엇인가요? (9쪽)

3. 값싸고 친환경적인 연료를 개발하기 위해 조너선 피츠먼은 유전자를 조작해 미생물을 만들었습니다. 이 미생물의 이름은 무엇인가요? (43쪽)

4. 필버트 선생님은 월, 수, 금요일에 반 아이들과 함께 글짓기 수업을 합니다. 타마야가 손에서 피가 나는 바람에 마치지 못한 글짓기의 제목은 무엇인가요? (82~83쪽)

5. 숲에서 돌아온 다음 날에도 채드가 보이지 않자 타마야는 그를 찾아 나섭니다. 다시 숲으로 간 타마야는 채드를 생각하며 무엇을 가지고 갔나요? (116쪽)

6. 히스클리프에서 일어난 일과 바이올렌 사이의 상관관계를 추궁하는 청문회에서는 바이올렌 속의 에르고님의 증식에 대해 집중합니다. 에르고님은 증식을 위해 몇 분마다 세포 분열을 일으키나요? (143쪽)

7. 프랑켄슈타인은 충동적으로 난폭하게 변하는 괴물 인간을 뜻하는 말로 사용됩니다. 솜털진흙에서 돌연변이를 일으킨 미생물을 프랑켄슈타인에 빗대어 무엇이라고 부르나요? (193쪽)

8. 수의사 크럼블리 박사는 솜털진흙 부작용을 해결하기 위해 연구에 매진합니다. 그는 어느 동물에게서 치료할 수 있는 효소를 발견했나요? (196쪽)

9. 국립보건원 주관으로 크럼블리 박사의 치료제가 대량 생산되었습니다. 이 치료제는 히스클리프에서 솜털진흙으로 감염된 질병에 쓰입니다. 타마야의 이름을 붙인 질병의 공식적인 명칭은 무엇인가요? (210쪽)

10. 채드는 마셜과 생일이 같지만 가족의 축하를 받으며 이 음식을 먹는 마셜이 부러워 그가 미워졌다고 했습니다. 채드의 병문안을 갈 때 마셜과 타마야가 가지고 간 음식은 무엇인가요? (214쪽)

> **정답**
>
> 1. ①-ⓒ, ②-ⓔ, ③-ⓑ, ④-ⓓ, ⑤-ⓐ | 2. 우드리지 사립학교 | 3. 에르고님 | 4. 풍선 부는 법 | 5. 도시락 | 6. 36분 | 7. 프랑켄세균 | 8. 육지거북 | 9. 딜워디 물집성 발진 | 10. 라자냐

해석적 발문 : 다양하게 생각해 보아요

1. 타마야가 보기에 아이들의 대화 모습은 이상했습니다. 아이들은 좋지 않은 표현으로 말을 하면 더 맞장구를 쳐주고 지저분한 표현을 더 좋아하며 자랑스러워했습니다. 타마야는 왜 아이들과 다르게 느꼈을까요? (14~15쪽)

> 타마야는 입술을 깨물었다. 자기가 한 말이 뭐가 그리 잘못된 것인지 이해가 되지 않았다. 따지고 보면 모니카와 서머도 방금 전에 남자아이들을 보고 역겹다고 하고 지저분하다고 하지 않았던가. 그런데 갑자기 그런 것이 아무 문제가 아닌 게 되어 버렸다. 오히려, 남자아이들은 여자아이들이 자신들을 역겹고 지저분하게 생각하는 것을 자랑스러워하는 듯했다.
> 타마야는 의아했다.
> '세상의 규칙이 언제 바뀌었지? 언제부터 나쁜 것이 좋은 것이 되어 버렸지?'

2. 채드의 실종 소식을 들은 타마야는 채드를 찾으러 숲으로 들어갑니다. 마셜 또한 채드에 이어 타마야까지 없어졌다는 소식을 듣고 숲으로 갑니다. 타마야와 마셜은 왜 아무에게도 말하지 않고 숲으로 갔을까요? (116쪽)

3. 마셜이 채드에게 괴롭힘을 당하는 동안 침묵하던 아이들은 채드가 실종되고 나서야 마셜이 겪었던 고통에 대해 말합니다. 마셜은 아이들의 말에 위로를 받지만 그동안 모른 척했던 아이들에게 섭섭한 마음이 듭니다. 그러다 문득 자신에게도 문제가 있다는 생각을 하게 됩니다. 여러분은 마셜, 채드, 아이들이 가진 각각의 문제점이 무엇이라고 생각하나요? (157~158쪽)

마셜:

채드:

아이들:

4. 타마야는 병원으로 찾아온 피치 아저씨가 어떤 선물을 받고 싶은지 묻자 새 스웨터를 갖고 싶다고 말합니다. 타마야는 왜 스웨터를 받고 싶어 했을까요? (202쪽)

5. 방송에 나온 피터 스미드 박사는 프랑켄세균이 영하에서는 모두 죽는다고 말했지만 숫자는 다시 '2×1=2'로 카운트되고 있습니다. 이 숫자의 의미는 무엇일까요? (209쪽)

6. 타마야와 마셜은 라자냐를 들고 채드에게 병문안을 갑니다. 여러분은 아이들의 갈등이 해소된 이유가 무엇이라고 생각하나요? (214~215쪽)

선택적 발문 : 입장을 선택해 보아요

1. 채드에 이어 타마야까지 없어지자 우드리지 학교는 비상사태가 되었습니다. 그러자 학교 건물을 봉쇄하고 학부모들이 직접 학생들을 데리러 오도록 조치를 취했습니다. 여러분은 색스턴 교장 선생님의 대처 방법에 대해 어떻게 생각하나요? (133~134쪽)

☐ 지나치다 ☐ 적절하다 ☐ 미흡하다

이유 ....

2. 채드는 마셜과 자신의 생일이 같다는 걸 안 순간부터 마셜을 미워했습니다. 마셜은 생일날 가족으로부터 축복을 받지만 자신은 그렇지 못했기 때문이라고 합니다. 여러분은 이런 채드의 마음에 공감하나요? (178~179쪽)

☐ 공감한다 ☐ 공감하지 않는다

이유 ....

3. 새로운 에너지원을 만들 때 세계적인 규모의 참사가 일어날 확률이 있습니다. 그러나 그 참사가 두렵다면 깨끗하고 저렴한 비용이 드는 에너지원은 포기해야 합니다. 상원 에너지환경위원회에서는 만장일치로 새 에너지원을 생산하는 것에 찬성했습니다. 만약 여러분이 그 자리에 있었다면 어떤 결정을 내렸을까요? (220쪽)

☐ 찬성 ☐ 반대

이유 ....

사색적 발문 : 생각을 넓혀 보아요

1. 자신이 다니는 학교를 자랑스러워하는 타마야는 교복을 입을 때마다 자부심이 느껴지고 자신이 대단한 사람이 된 것 같은 느낌이 든다고 합니다. 여러분은 자신의 교복에 대해 어떻게 생각하나요? (39~40쪽)

2. 데이비슨 선생님의 질문에 답을 하지 못한 자기 대신 마셜이 대답을 하자 채드는 마셜을 더 미워하게 되었습니다. 그래서 마셜은 자신이 정답을 말한 것에 대해 자책합니다. 만약 마셜이 데이비슨 선생님의 질문에 틀린 답을 이야기했다면 채드와 마셜의 관계는 어떻게 되었을지 상상해 보세요. (66~67쪽)

> "미국 상원은 의원이 몇 명이지?"
> 이것이 데이비슨 선생님이 채드에게 한 질문이었다.
> "스물아홉 명이요?"
> 채드는 짐작으로 대답했다.
> 웃음을 터트린 아이는 앤디였다. 마셜이 아니라.
> (중략)
> 그런데 그때 데이비슨 선생님이 이렇게 말했다.
> "마셜, 상원 의원이 몇 명인지 채드에게 좀 말해 주겠니?"
> 곧바로 마셜은 자신이 저주를 받았다는 것을 알아차렸다.

3. 우드리지 사립학교에서는 비닐봉지 사용이 금지되어 있습니다. 그래서 아이들은 재사용할 수 있는 천 가방에 도시락을 넣어 다닙니다. 여러분들이 생활 속에서 환경을 위해 재사용하는 것이 있다면 무엇인지 이야기해 보세요. (104~105쪽)

4. '홉슨의 선택'은 둘 중 하나를 선택해야 하는데, 둘 다 나쁜 경우를 말합니다. 타마야는 숲속으로 들어가는 것과 혼자 집으로 가는 것, 둘 다 나쁜 경우여서 홉슨의 선택을 할 수밖에 없었습니다. 이처럼 마셜과 채드의 경우에도 홉슨의 선택을 생각해 보고, 여러분도 이런 경험이 있었다면 이야기해 보세요. (217쪽)

마셜	채드	나

북돋움 활동 1

우드리지 덕목 적용하기

우드리지 학생들은 도덕적인 덕목을 중요시하는 교육을 받고 있습니다. 우드리지 학생들이 지켜야 할 덕목 중에서 주인공 타마야, 마셜, 채드에게 드러난 덕목에 대해 발표해봅시다. (22쪽)

> 우드리지 학생들은 역사와 수학 같은 과목들 말고도 도덕적인 사람이 되는 길에 대해 배웠다. 이 학교는 착한 사람이 되라고 가르치는 것을 당연하게 여겼다. 타마야는 2학년 때 열 가지 덕목을 외워야 했다. 관용, 청결, 용기, 공감, 품위, 겸손, 정직, 인내, 신중, 절제. 이번 학년에서는 열 가지 덕목의 비슷한 말과 반대말에 대해 배우고 있었다.

등장인물	덕목	근거 및 이유
타마야		
마셜		
채드		

6장 진실을 마주할 용기가 필요해

북돋움 활동 2

설명하는 글쓰기: 바나나 맛있게 먹는 법

글쓰기 시간에 타마야는 '풍선 부는 방법'에 대해 설명하는 글을 썼습니다. 타마야가 히스클리프 산에서 채드를 안내할 때 이와 같은 설명법으로 앞을 보지 못하게 된 채드에게 상황을 생생하게 전달하여 무사히 산을 내려올 수 있었습니다. 타마야가 작성한 〈풍선 부는 방법〉을 읽어보고 〈바나나 맛있게 먹는 법〉을 설명하는 글쓰기를 해봅시다. (222~223쪽)

풍선 부는 방법

1. 풍선이 납작한 상태에서 시작한다. (풍선 색깔은 상관없다.) 폐에서 나온 공기로 풍선을 가득 채울 것이다.
2. 풍선 입구를 찾는다. 그곳에 손가락을 집어넣으면, 손가락이 풍선 속으로 들어간다. 하지만 지금 그곳에 손가락을 집어넣어서는 안 된다!
3. 풍선 입구를 입 안에 넣는다. 입술을 입구에 꼭 붙여야 한다. 그래야 풍선을 불 때, 폐에서 나온 공기가 옆으로 새지 않고 모두 풍선 속으로 들어간다.
4. 풍선 입구를 엄지손가락과 집게손가락으로 잡는다. 공기가 안으로 들어갈 수 있도록 가만히 잡아야 하지만 풍선이 움직이지 않을 정도로는 손가락에 힘을 줘야 한다.
5. 공기를 불어 넣는다.
6. 풍선이 빵빵해질 때까지 1~5번 과정을 반복한다.
7. 공기를 불어 넣는 동안 숨을 들이마셔야 할 때가 있을 것이다. 숨을 마실 때는 풍선 속 공기가 빠져나가지 못하도록 풍선을 잡은 손가락에 꼭 힘을 준다.
8. 공기를 다 넣었으면 풍선을 묶어야 한다. 공기가 빠져나가지 않게 엄지손가락과 집게손가락으로 풍선 입구를 붙잡는다. 풍선 입구에 공기가 채워지지 않고 대롱대롱 남아 있는 부분이 있을 것이다. 그 부분을 길게 잡아당겨 집게손가락에 한 바퀴 두른다. 입구 끝부분을 손가락과 빙 두른 부분 사이로 집어넣고 매듭을 지어 묶는다.
9. 손가락을 뺀다. 짠, 풍선 불기 끝!

바나나 맛있게 먹는 법

#20
타인의 시간을 빼앗은 사람에게 미래는 없다!

#위안부, #역사, #일본, #과거, #용서, #식민지, #전쟁, #시계, #시간, #소녀상, #타임슬립, #화해, #일제강점기, #폭력, #봉사, #추억, #공감, #상처, #미래, #꿈

About the Book

푸른 늑대의 파수꾼
김은진 지음, 창비, 2016

햇귀는 방학 동안 인터뷰를 기록하는 봉사를 위해 수인 할머니를 만납니다. 과거를 회상할 때마다 고통스러워하는 할머니의 이야기가 궁금하던 참에 태엽이 거꾸로 감기는 회중시계를 발견해 1940년 경성으로 시간 이동을 하게 되고, 그곳에서 어린 수인과 하루코를 만나 위안부 문제와 맞닥뜨리게 됩니다.

위안부 할머니들의 삶처럼 가슴 아픈 역사를 되풀이하지 않기 위해 우리가 파수꾼이 되어 지켜야 하겠습니다. 역사란 먼 옛날의 얘기가 아니라 과거로부터 오늘로 이어져 있는 것이니까요.

함께 보면 좋아요
『그래도 나는 피었습니다』 문영숙 지음, 서울셀렉션, 2016
『모래시계가 된 위안부 할머니』 이규희 지음, 푸른책들, 2012

낱말 퍼즐

가로 | 1.미역 2.운동시계 3.에어데칼 4.오시아시 5.느래 6.운동장운동 7.운매 8.사이 9.바리가 타 10.이드바 11.인됩(인여) 12.양은 13.축운

세로 | ①미역국 ②속대 ③시간기업일 ④주전자 ⑤에프트 ⑥삼공장이 ⑦오행신 ⑧기리리아 제비 ⑨야가라진 ⑩인디언 ⑪국녹

정답

【가로】

1. 후지모토 상이 즐겨 쓰던 말. '타인의 시간을 빼앗은 사람에게 ○○는 없다.'

2. 햇귀를 과거로 가게 하는 도구. 주머니나 가방에 넣고 다니는 작은 크기의 휴대용 시계이며 포켓 워치라고도 함.

3. 수인의 작품을 선생님이 제출한 대회. 뜨개질이나 자수 등 손으로 만든 작품으로 솜씨를 겨루는 대회.

4. 햇귀가 과거로 가는 통로가 되는 장소의 일본말. 수인이 몰래 노래 부르는 곳.

5. 수인과 아버지가 공통적으로 좋아하는 예술. 곡조를 붙여 부르는 소리나 말.

6. 수인이 수를 놓아 대회에서 입상한 작품의 주제. 달과 해와 다섯 개의 산봉우리를 그린 그림.

7. 햇귀가 태후 일행을 피해 골목 빵집으로 숨어들었을 때 만난 일본인 여자아이 이름. '꿈'이라는 뜻의 일본어.

8. 수인이 미래에서 온 햇귀를 지칭하는 말. 한창 때의 젊고 씩씩한 남자를 이르는 말.

9. 후지모토 상이 목욕물을 제때 받아놓지 않았다며 수인에게 칼을 휘둘러 잘라낸 것.

10. 햇귀와 태후가 수인 할머니를 만나 ○○○한 것을 기록하는 봉사를 함. 필요한 정보를 얻기 위해 이야기를 나누는 것.

11. 혹시 있을지도 모르는 뜻밖의 경우.

12. 이치에 맞지 않고 허황되게 말하는 헛소리. 일본이 독도가 자기네 땅이라고 하며, 위안부는 자발적으로 이루어진 일이라고 함.

13. 후지모토 상은 수인이 ○○하기를 원함. 남의 명령이나 의사 또는 규칙 따위에 조금도 어긋남이 없이 그대로 따름.

【세로】

① 하루코와 수인이 함께 외출해서 방문했던 곳. 서양 문물에 목말랐던 모던 보이, 모던 걸들이 사랑했던 경성의 대표 백화점.

② 『푸른 ○○의 파수꾼』 개과에 속하는 동물.

③ 총독부에서 정한 6월 10일 기념일. 이날은 거리의 시계점에서 시계를 무료로 수리해 주기도 함.

④ '돈을 지키는 노예'라는 뜻으로 돈을 모을 줄만 알고 쓸 줄을 모르는 매우 인색한 사람.

⑤ 수인의 아버지가 노래를 들을 때 사용했던 도구. 음악이나 음성을 녹음해서 축음기를 통해 소리를 들을 수 있게 만든 둥그런 모양의 판.

⑥ 아버지가 밀주 혐의로 잡혀가자 수인이 후지모토 상의 집에 가서 하게 된 일. 남의 집에서 품삯을 받으며 주로 부엌일을 맡아 하는 것.

⑦ 시간여행을 통해 수인을 만난 남자 주인공의 이름. '이른 아침에 처음으로 비치는 햇살'이라는 뜻.

⑧ 한씨 아저씨가 수인에게 권했던 책의 제목. 익명의 후원자를 대변하는 말로 비유되기도 함.

⑨ 하루코가 원하는 장래 남편의 직업. 안정적으로 월급을 받는 샐러리맨의 일본식 발음.

⑩ 이 책의 제목은 주인공의 ○○○식 이름. 콜럼버스에 의해 발견된 신대륙의 원주민.

⑪ 하루코가 다른 아이들의 바느질을 떠맡게 되었던 것. 전쟁 중이던 당시의 상황을 알려주는 의복.

되새김 발문 : 내용을 되새겨 보아요

1. 다음 등장인물들과 설명을 연결해 보세요.

① 햇귀 •   • ⓐ 주인공을 교묘하게 괴롭히고 빵 셔틀을 시킨 아이. 더러운 것을 싫어하는 결벽증이 있음.

② 태후 •   • ⓑ '이른 아침에 처음으로 비치는 햇살'이라는 뜻의 이름. 시간 여행을 통해 일제강점기의 역사를 알게 됨.

③ 유메 •   • ⓒ 후지모토 상의 외동딸. 해진 군복을 대신 꿰매 준 조선인 식모와 친구가 됨.

④ 하루코 •   • ⓓ '꿈'이라는 뜻의 이름. 주인공이 위험에 처했을 때 용기를 준 빵집 소녀.

⑤ 수인 •   • ⓔ 주인공이 과거 여행에서 만난 조선인 소녀. 자수 솜씨가 좋고 가수가 되고 싶었으나 꿈을 이루지 못함.

2. 수인은 자신의 재주로 친구들을 행복하게 해주며 장래의 꿈을 키웠습니다. 수인 아버지도 흥이 많아 딸과 이것에 대한 이야기를 자주 나누었습니다. 수인과 수인 아버지가 공통적으로 좋아한 것은 무엇인가요? (20쪽)

3. 다음의 물건은 무엇인가요?

- 햇귀가 시간을 초월하여 수인을 만날 수 있도록 해준 물건 (80쪽)
- 시간기념일 사흘 전에 할아버지가 하루코에게 선물한 것 (108쪽)
- 타임 슬립의 주문은 '시간과 싸워라. / Race the clock.' (108쪽)
- 유메의 할머니가 조선인 언니에게 준 선물 (165쪽)

4. 다음은 6월 10일에 대한 글입니다. 이날을 부르는 또 다른 이름 ○○○○○ 안에 들어갈 말은 무엇인가요?

6월 10일은 조선 총독부에서 정한 ○○○○○이었다. 신문에는 온통 시간에 관한 특집 기사와 시계에 얽힌 사회 각계 명사들의 일화가 실렸다. 거리의 시계점마다 시계를 무료로 수리해 준다고 했다. 경성 방송국에서는 시간의 귀중함을 강조하는 프로그램을 내보냈다. (107쪽)

5. 목욕물을 제때 받아놓지 않아 화가 난 후지모토 상은 수인에게 칼을 휘둘렀습니다. 이때 잘려 나간 수인의 보물 1호는 무엇인가요? (122쪽)

6. 한씨 아저씨가 수인에게 읽어보라고 한 키 큰 양반 이야기를 담은 소설입니다. 『여학생 일기』라고 불렸던 이 책의 제목은 오늘날 어떻게 바뀌어 불리나요? (143쪽)

7. 일본은 조선을 통치하기 위해 경복궁에 파란 지붕의 건물을 지었습니다. 1910년 국권 피탈에서 1945년 8.15광복까지 35년간 식민통치기관이자 수탈기관이었습니다. 1995년 광복 50주년을 맞아 폭파시켜 버린 건물은 무엇인가요? (164쪽)

8. 이곳은 어디인가요?

- 햇귀가 수인을 만나러 과거로 갈 수 있는 시간여행의 통로 (168쪽)
- 노래할 곳이 필요한 수인과 숨을 곳이 필요한 하루코에게 안성맞춤의 공간 (181쪽)
- 일본말로 오시이레 (181쪽)

정답

1. ①-ⓑ, ②-ⓐ, ③-ⓓ, ④-ⓒ, ⑤-ⓔ | 2. 노래 | 3. 회중시계 | 4. 시간기념일 | 5. 머리카락
6. 키다리 아저씨 | 7. 조선총독부 | 8. 벽장

해석적 발문 : 다양하게 생각해 보아요

1. 자신이 위안부였다는 사실을 양아들에게조차 숨기고 싶어 하던 수인 할머니가 힘들게 용기 내 인터뷰를 하는 이유는 무엇이라고 생각하나요? (71~72쪽)

2. 유메의 할머니는 돌아가시기 전 손녀에게 경성에서 함께 살던 조선인 언니에게 미안하다는 말을 전해 달라는 유언을 남깁니다. 유메의 할머니가 조선인 언니에게 진심으로 전하고 싶었던 '미안함'은 어떤 의미일까요? (105쪽)

3. 학기 초에 친절했던 태후는 햇귀가 집으로 초대한 이후부터 달라지기 시작했습니다. 태후의 태도가 변한 이유는 무엇일까요? (191~192쪽)

4. 후지모토와 하루코는 '타인의 시간을 빼앗은 사람에게 미래는 없다'라는 말을 남깁니다. 두 사람이 한 말은 같지만 그 속에 담긴 의미는 다릅니다. 두 사람의 말이 의미하는 것은 각각 무엇이라고 생각하나요? (122~123쪽, 264~265쪽)

후지모토:

하루코:

5. 공연을 마치고 돌아오는 길에 낯선 남자들이 수인을 유인하는 것을 보고 하루코는 자신이 수인인 것처럼 둘러대고 트럭에 탑니다. 여러분은 하루코가 왜 수인의 길을 대신 선택했다고 생각하나요? (260~261쪽)

6. 저자는 태후와 햇귀의 관계를 통해 일본과 우리나라의 모습을 드러낸 것으로 짐작됩니다. 여러분도 책 속에서 일본과 우리나라의 특징이 잘 드러난 부분을 찾아봅시다.

"태후가 햇귀네 집에 제멋대로 들어와 라면을 끓여오라고 하는 것이 일제강점기 때 우리나라에서 식량 수탈을 해간 것과 비슷해요" (53쪽)

선택적 발문 : 입장을 선택해 보아요

1. 햇귀는 수인 할머니를 만나 인터뷰하고 그 내용을 정리하는 봉사를 맡았습니다. 수인 할머니는 일제강점기의 일을 다시 기억해내는 것이 힘들어 부쩍 악몽을 꾸곤 합니다. 수인 할머니의 건강을 해치고 있는 상황에서 인터뷰를 계속하는 것에 대해 여러분은 어떻게 생각하나요? (77쪽)

> "근데 맨 처음에 어떻게 끌려가셨어요? 기억나세요?"
> 선생님이 질문을 던졌다. 잠깐 생각에 잠겼던 할머니의 눈빛이 갑자기 변했다. 그러더니 소리를 지르기 시작했다.
> "살려 줘! 살려 줘!"
> 할머니의 비명에 낡은 집 전체가 들썩였다. 덫에 걸려 죽음의 문턱에 다다른 짐승의 울부짖음 같았다.
> 도우미 아주머니가 달려왔다.
> "옛날 일을 다시 떠올리면서부터 밤에 부쩍 악몽을 꾸시더라고요. 지금도 벌써 헛것이 보이시는지……."

☐ 계속해야 한다   ☐ 중지해야 한다

이유 ....

2. 억울하게 식모살이를 하는 수인에게 한씨 아저씨는 환상으로 어려움을 이기라고 조언합니다. 그러면서 자신은 시나리오를 쓸 테니, 수인에게는 여학생 일기를 써 보라고 합니다. 여러분은 한씨 아저씨의 말을 어떻게 생각하나요? (184쪽)

> "수인아, 고난의 한가운데 있을수록 우리에게는 환상이 필요하단다. 그 환상을 아편으로 사면 아편쟁이가 되고, 돈으로 사면 수전노가 되겠지. 그건 몹쓸 결말이 아니더냐? 우리는 우리의 이야기로 환상을 사자꾸나. 즐거운 이야기꾼이 되는 게다. 나는 그런 시나리오를 쓸란다. 수인이 너도 너만의 여학생일기를 써 보거라."

☐ 공감한다   ☐ 공감하지 않는다

이유 _____

3. 과거로의 시간 여행을 통해 다양한 경험을 한 햇귀는 태후의 결벽증을 이용해 집에서 쫓아냅니다. 괴롭힘을 당하던 햇귀가 이제는 맞서 싸우려고 합니다. 햇귀에게 이런 용기를 갖도록 영향을 준 인물은 누구라고 생각하나요? (232~233쪽)

☐ 수인   ☐ 하루코   ☐ 유메   ☐ 후지모토

이유 _____

사색적 발문 : 생각을 넓혀 보아요

1. 수인과 아버지는 둘 다 노래를 좋아하지만 아버지는 신민요, 수인은 재즈를 좋아하는 것이 서로 다릅니다. 여러분도 수인처럼 부모님과 공통으로 좋아하는 것 중에서 장르가 다른 것이 있나요? (20~21쪽)

예: 아버지와 나는 운동을 좋아하지만 아버지는 축구, 나는 야구를 좋아합니다.

2. 햇귀는 우연히 발견한 회중시계로 1940년 경성으로 가게 됩니다. 햇귀처럼 과거로 시간 여행을 할 수 있다면 여러분은 어느 순간으로 돌아가고 싶나요? (79쪽)

과거도 시간 여행을 할 수 있다면 _____ (으)로 가고 싶다.

이유:

3. 태후는 햇귀의 아이디를 도용하여 인터넷 게시판에 위안부 할머니를 욕보이는 글을 올렸습니다. 이 글은 '오늘의 베스트'에 올라 엄청난 조회 수와 댓글 수를 기록하고 있었습니다. 태후가 올린 다음의 글에 대해 여러분도 댓글을 달아 보세요. (171~172쪽)

> 요즘 독거 할머니 집에 봉사 활동 다님.
> 여기 인증 샷.
> 근데 이 할머니 옛날에 일본군 위안부였다고 함! ㄷㄷㄷ
> 일본이 강제로 끌고 간 거 맞나?
> 일본이 사과 안 하고 계속 부정하는 데는 무슨 이유가 있지 않겠음?
> 님들 어떻게 생각함?
>
> '오늘의 베스트'에 오른 글이었다. 엄청난 조회 수와 댓글 수를 기록하고 있었다. 사진도 보였다. 붉은 벽돌로 지어진 이층집과 주삿바늘이 꽂힌 할머니의 팔뚝.

댓글 :

북돋움 활동 1

인디언식 이름에 의미 담기

태후에게 쫓기던 햇귀는 우연히 들어간 빵집에서 인디언식 이름을 조합하고 있는 유메를 만납니다. 유메의 인디언식 이름은 '푸른 바람의 유령'이고, 햇귀는 '푸른 늑대의 파수꾼'입니다. 여러분도 인디언식 이름의 조합법을 보고 인디언식으로 이름을 짓고 의미를 담아보세요. (49~50쪽)

태어난 연도(끝자리)	태어난 월	태어난 일
0년생: 시끄러운, 말 많은 1년생: 푸른 2년생: 어두운, 적색 3년생: 조용한 4년생: 웅크린 5년생: 백색 6년생: 지혜로운 7년생: 용감한 8년생: 날카로운 9년생: 욕심 많은	1월: 늑대 2월: 태양 3월: 양 4월: 매 5월: 황소 6월: 불꽃 7월: 나무 8월: 달빛 9월: 말 10월: 돼지 11월: 하늘 12월: 바람	1일: ~와(과) 함께 춤을 2일: ~의 기상 3일: ~은(는) 그림자 속에 4일: (따로 붙는 말 없음) 5일: (따로 붙는 말 없음) 6일: (따로 붙는 말 없음) 7일: ~의 환생 8일: ~의 죽음 9일: ~아래에서 10일: ~를(을) 보라 11일: ~이(가) 노래하다. 12일: ~의 그늘, ~의 그림자 13일: ~의 일격 14일: ~에게 쫓기는 남자 15일: ~의 행진 16일: ~의 왕 17일: ~의 유령 18일: ~을 죽인 자 19일: ~는(은) 만날 잠잔다 20일: ~처럼 21일: ~의 고향 22일: ~의 전사 23일: ~은(는) 나의 친구 24일: ~의 노래 25일: 의 정령 26일: 의 파수꾼 27일: 의 악마 28일: ~와(과) 같은 사나이 29일: ~의 심판자, ~를(을) 쓰러뜨린 자 30일: ~의 혼 31일: ~은(는) 말이 없다

이름	의미
예: 욕심 많은 돼지는 말이 없다	나는 이것저것 하고 싶은 것이 많아요. 그래서 열심히 최선을 다하려고 노력해요. 그렇다고 해서 겉으로 잘난 척하지는 않아요. 묵묵히 내가 할 일을 해내갈 뿐이에요.

내 이름	의미

6장 진실을 마주할 용기가 필요해

북돋움 활동 2

위안부 문제를 알릴 수 있는 방법 찾기

2017년 8월 14일 '세계 위안부의 날'을 맞아 서울 종로구에서는 일본대사관을 지나는 151번 버스 다섯 대에 '평화의 소녀상'을 설치했습니다. 시민들이 소녀상을 더 가까이에서 접하도록 하고자 기획한 것입니다. 소녀상 설치 외에 위안부 문제를 세계에 널리 알릴 수 있는 방법에는 무엇이 있을지 생각해 보세요.

사진 제공: 네이버블로거 ghtmf0720님

⟨위안부 문제를 알리기 위한 노력들⟩

1. 수요 집회
2. 희움 팔찌
3. 위안부 문제를 다룬 책과 영화
   소설 『그래도 나는 피었습니다』, 『거기 내가 가면 안 돼요?』
   영화 〈귀향〉, 〈아이 캔 스피크〉
4. 도시 곳곳과 뉴욕에 설치되는 평화의 소녀상
5. 서울 151번 버스에 설치된 평화의 소녀상

⟨이 외에 위안부 문제를 알릴 수 있는 방법⟩

본문에서 언급된 책들

2장 사랑의 또 다른 이름, 가족

1. 너는 영원히 빛나는 존재야!
『두려움에게 인사하는 법』, 김이윤 지음, 창비, 2012
『그날, 고양이가 내게로 왔다』, 김중미 지음, 낮은산, 2016
『무릎딱지』, 샤를로트 문드리크 지음, 올리비에 탈레크 그림, 이경혜 옮김, 한울림어린이, 2010

2. 개구리밥처럼 떠도는 난민의 아픔을 이해하라!
『난민 소녀 리도희』, 박경희 지음, 뜨인돌, 2017
『거리 소년의 신발』, 이성주 지음, 씨드북, 2017
『통일소년 단단』, 이동훈 지음, 김수현 옮김, 어문학사, 2017
『통일한국 제1고등학교』, 전성희 지음, 자음과모음, 2017
『류명성 통일빵집』, 박경희 지음, 뜨인돌, 2013

3. 뺑덕과 뺑덕어멈, 주연으로 등장하다!
『뺑덕』, 배유안 지음, 창비, 2014
『뺑덕의 눈물』, 정해왕 지음, 시공사, 2016
『청차 청아 예쁜 청아』, 강숙인 지음, 이창훈 그림, 푸른책들, 2012

4. 어울려 살아가는 테오도루, 그곳이 바로 신의 선물!
『테오도루 24번지』, 손서은 지음, 문학동네, 2016
『망고공주와 기사 올리버』, 김수경 지음, 사계절, 2009
『우리는 가족일까』, 유니게 지음, 푸른책들, 2015
『그까짓 개』, 윤혜연 지음, 라임, 2017

3장 서로를 지켜주는 우정

5. 꿈을 키우는 청소년들, 모두 깜언!
『모두 깜언』, 김중미 지음, 창비, 2015
『너 지금 어디 가?』, 김한수 지음, 창비, 2013
『저스트 어 모먼트』, 이경화 지음, 탐, 2011

6. 삶은 함께 위로하며 가는 여행
『오즈의 의류수거함』, 유영민 지음, 자음과모음, 2014
『내일은 바게트』, 이은용 지음, 문학과지성사, 2014
『흑룡전설 용지호』, 김봉래 지음, 문학동네, 2014

7. 식물도 사람도 사랑으로 꽃을 피운다
『원예반 소년들』, 우오즈미 나오코 지음, 오근영 옮김, 양철북, 2012
『2미터』, 요코야마 케이 지음, 김지연 옮김, 책과콩나무, 2011
『친구가 되기 5분 전』, 시게마츠 기요시 지음, 양억관 옮김, 푸른숲주니어, 2008

8. 희망의 땅에 뿌리를 내리고 당당하게 서라!
『옆집 아이 보고서』, 최고나 지음, 한우리문학, 2015
『도와줘, 제발』, 엘리자베트 죌러 지음, 임정희 옮김, 주니어김영사, 2009
『스피릿 베어』, 벤 마이켈슨 지음, 정미영 옮김, 양철북, 2008

4장 진짜 '나'를 찾는 모험

9. 미궁에 빠진 자, 의지와 용기로 탈출하라!
『미궁』, 고명섭 지음, 사계절, 2015
『왜, 그리스 신화를 읽어야 하나요?』, 이상기 지음, 자음과모음, 2016
『미술관에서 읽는 그리스 신화』, 김영숙 지음, 휴먼어린이, 2011

10. 낯선 바람 속에서 진짜 자신을 만나다!
『열흘간의 낯선 바람』, 김선영 지음, 자음과모음, 2016
『안녕, 바람』, 강미 지음, 탐, 2015
『내 이름은 망고』, 추정경 지음, 창비, 2011
『바람을 만드는 소년』, 폴 플라이쉬만 지음, 천미나 옮김, 책과콩나무, 2008

11. 삶과 마주하여 스스로 만들어낸 기적
『423킬로미터의 용기』, 댄 거마인하트 지음, 천미나 옮김, 주니어RHK, 2015
『두근두근 내 인생』, 김애란 지음, 창비, 2011
『잘못은 우리별에 있어』, 존 그린 지음, 김지원 옮김, 북폴리오, 2012

12. 당신의 삶은 지금 몇 시입니까?
『시간을 파는 상점』, 김선영 지음, 자음과모음, 2012
『추억의 시간을 수리합니다』(전 4권), 다니 미즈에 지음, 김해용 옮김, 예담, 2017
『고리의 비밀』, 오시은 지음, 바람의아이들, 2016
『기억을 파는 가게』, 이하 지음, 실천문학사, 2014
『타임시커』, 이남석 지음, 작은길, 2013

5장 꿈꾸고 도전하는 것이 인생

13. 10대의 문화와 가치를 판매하라!
『시크릿 박스』, 김혜정 지음, 자음과모음, 2015
『맛깔스럽게 도시락부』, 범유진 지음, 살림Friends, 2017
『치약으로 백만장자 되기』, 진 메릴 지음, 잔 파머 그림, 노은정 옮김, 시공주니어, 2012

14. 청소년들에게 놀이를 허하라!
『우리들의 비밀 놀이 연구소』, 조유나 지음, 사계절, 2011
『호모 루덴스 : 놀이하는 인간을 꿈꾸다』, 노명우 지음, 사계절, 2015
『공짜로 놀아주마』, 고정욱 지음, 웅진지식하우스, 2014
『논다는 것』, 이명석 지음, 너머학교, 2012

15. 네가 가진 진정한 아름다움
『플라스틱 빔보』, 신현수 지음, 자음과모음, 2015
『예뻐지고 싶어』, 야나 프라이 지음, 장혜경 옮김, 지상의책, 2017
『미인의 법칙』, 나윤아 지음, 뜨인돌, 2017
『플라스틱 소녀』, 사라 N. 하비 지음, 이혜인 옮김, 라임, 2016
『다이어트 학교』, 김혜정 지음, 자음과모음, 2012

16. 척박한 땅을 자연으로 되돌리자!
『달 표면에 나무 심기』, 엘리자베스 오 둘렘바 지음, 천미나 옮김, 책과콩나무, 2016

『스캣』, 칼 하이어센 지음, 김희진 옮김, 살림, 2010

『가이아 소녀들 : 땅의 품으로』, 리 웰스 지음, 이창희 옮김, 마루벌, 2010

『징비록』, 류성룡 지음

6장 진실을 마주할 용기가 필요해

17. 동물 실험과 생명윤리에 대해 고민하라!
『50 대 50』, S. L. 파월 지음, 홍지연 옮김, 라임, 2015

『10대와 통하는 동물 권리 이야기』, 이유미 지음, 최소영 그림, 철수와영희, 2017

『하프 브라더』, 케네스 오펠 지음, 공보경 옮김, 문학수첩, 2015

『니임의 비밀』, 로버트 오브라이언 지음, 최지연 옮김, 보물창고, 2006

18. 기억을 조종하는 세상을 대비하라!
『메멘토 노라』, 앤지 스미버트 지음, 강효원 옮김, 한겨레틴틴, 2011

『달 위를 걷는 느낌』, 김윤영 지음, 창비, 2014

『기억 전달자』, 로이스 로리 지음, 장은수 옮김, 비룡소, 2007

19. 마음속 갈등과 환경 속 오염을 해결하라!
『수상한 진흙』, 루이스 새커 지음, 김영선 옮김, 창비, 2015

『위험한 강물』, 가일 E. 헤드릭 지음, 김경희 옮김, 푸른숲주니어, 2016

『갈매기에게 나는 법을 가르쳐준 고양이』, 루이스 세풀베다 지음, 이억배 그림, 유왕무 옮김, 바다출판사, 2015

20. 타인의 시간을 빼앗은 사람에게 미래는 없다!
『푸른 늑대의 파수꾼』, 김은진 지음, 창비, 2016

『그래도 나는 피었습니다』, 문영숙 지음, 서울셀렉션, 2016

『모래시계가 된 위안부 할머니』, 이규희 지음, 푸른책들, 2012

소설로 말 걸고, 토론으로 생각 키우기
수업에 바로 쓰는 독서토론 길잡이

1판 1쇄 발행 2018년 3월 16일
1판 5쇄 발행 2022년 6월 17일

지은이 김길순, 김솔지, 김윤진, 박혜미, 이영옥
펴낸이 한기호
책임편집 박주희
편집 여문주, 서정원, 박혜리
본부장 연용호
마케팅 하미영
경영지원 김윤아
디자인 김경년
인쇄 예림인쇄

펴낸곳 (주)학교도서관저널
출판등록 제2009-000231호(2009년 10월 15일)
주소 04029 서울시 마포구 동교로 12안길 14(서교동) 삼성빌딩 A동 3층
전화 02-322-9677 팩스 02-6918-0818
전자우편 slj9677@gmail.com
홈페이지 www.slj.co.kr

ISBN 978-89-6915-045-5 (03370)

· 책값은 뒤표지에 있습니다.
· 이 도서의 국립중앙도서관 출판예정도서목록(CIP)은 서지정보유통지원시스템 홈페이지(http://seoji.nl.go.kr)와 국가자료공동목록시스템(http://www.nl.go.kr/kolisnet)에서 이용하실 수 있습니다. (CIP제어번호 : CIP2018007450)